Complexo de Édipo hoje?
Novas psicopatologias, novas mulheres, novos homens

Complexo de Édipo hoje?
Novas psicopatologias, novas mulheres, novos homens

Nora Beatriz Susmanscky de Miguelez

c coleção
c clínica
p psicanalítica

Complexo de Édipo hoje? Novas psicopatologias,
novas mulheres, novos homens

Copyright © 2019 Artesã Editora

1ª Edição - 2ª Reimpressão fevereiro de 2023

É proibida a reprodução total ou parcial desta publicação,
para qualquer finalidade, sem autorização por escrito dos editores.

Todos os direitos desta edição são reservados à Artesã Editora.

DIRETOR
Alcebino Santana

COORDENAÇÃO EDITORIAL
Michelle Guimarães El Aouar

CAPA
Karol Oliveira

DIAGRAMAÇÃO
Conrado Esteves

M636   Miguelez, Nora Beatriz Susmanscky de.
        Complexo de Édipo hoje? : novas psicopatologias,
novas mulheres, novos homens / Nora Beatriz Susmanscky
de Miguelez . 3. ed. – Belo Horizonte : Artesã, 2019. –
(Clínica psicanalítica)
        212 p. ; 21 cm.

        ISBN: 978-85-7074-015-1

    1. Psicanálise. 2. Édipo, Complexo de. 3. Psicologia clínica.
I. Título.

                                     CDU 159.964

Catalogação: Aline M. Sima CRB-6/2645

IMPRESSO NO BRASIL
Printed in Brazil

(31)2511-2040   (31)99403-2227
www.artesaeditora.com.br
Rua Rio Pomba 455, Carlos Prates - Cep: 30720-290 | Belo Horizonte - MG
/artesaeditora

A Oscar.

A Javier e Carol, Alejandro e Stê.

A Pedro, Bruno, Gabriel, Martín e Lina.

Agradecimentos

Aos meus pais, Clara e José.

A Oscar Miguelez, pelo estímulo solidário, crítico e inteligente.

A meu filho Javier, que me apoiou com seu afeto e me precedeu na pesquisa de sua tese de doutorado.

A meu filho Alejandro, que traduziu, com amorosa paciência e competência, todos os meus originais escritos no "portunhol" familiar.

Às minhas noras queridas, Carolina e Stefânia, que compartilham comigo afetos profundos.

A meus netos, Pedro, Bruno, Gabriel, Martín e Lina.

A minhas queridas irmãs Silvia e Susana, que acompanharam à distância, com afeto e diálogo, a evolução de minha pesquisa. E aos "irmãos" Lidia e Osvaldo Barletta, sempre tão presentes, no carinho e no interesse. À Liliana Berman e à Laura Verbitski, sempre tão queridas.

Aos meus pacientes e ex-pacientes, que estão no cerne das reflexões contidas neste livro e do afeto que o alimenta.

A Luís Cláudio Figueiredo, pela generosidade de sua atenção afetuosa e pela crítica profunda e inteligente.

A Joel Birman, pelo questionamento das certezas e pelos caminhos novos que me assinalou.

A Catarina Koltai, Contardo Calligaris, Luís Carlos Menezes, Manoel Berlinck e Regina Neri, que me privilegiaram com uma leitura atenta e cuidadosa dos originais e me fizeram valiosas sugestões.

A meus queridos amigos, que também foram leitores e críticos muito presentes durante a elaboração deste livro, Isabel Kahn Marin, Maria Cristina Perdomo, Alicia Brasileiro de Melo, Ede de Oliveira, Ésio dos Reis e Sylvia Loeb.

A minhas colegas de doutorado, da PUC-SP, que levaram ao debate sobre meu texto seu interesse amigo e sua crítica atenciosa e esclarecedora.

Aos colegas do Departamento Formação em Psicanálise do Instituto Sedes Sapientiae que me manifestaram seu apoio carinhoso; e aos alunos, ex-alunos e supervisandos, cujo diálogo comigo sempre resultou em ricos e novos questionamentos.

Aos Drs. Rogelio Sosnik e Diego Garcia Reinoso, meus analistas.

A Ivone Daré Rabello, que fez a revisão final do português e do estilo.

A Flávio Carvalho Ferraz, pela sua valiosa colaboração na publicação deste livro.

Ao Brasil, terra querida que me acolheu e me ajudou a dar continuidade a um projeto interrompido pela tirania argentina.

Prólogo 13

Introdução 17

1 O Complexo de Édipo em Freud

Introdução 29

A Carta 69 (Freud, 1895a, p. 301) 30

A Carta 71 (Freud, 1895a, p. 307) 32

Interpretação dos sonhos: "Os sonhos
sobre a morte de pessoas queridas"
(Freud, 1900, cap. 5, ponto D) 33

Três ensaios para uma
teoria sexual (Freud, 1905b) 36

A problemática edipiana entre
Três ensaios e *Totem e tabu* (Freud, 1913) 48

Síntese de um primeiro
modelo de complexo de Édipo 56

A problemática edipiana entre
Totem e tabu e *O ego e o id* 56

A problemática edipiana em
O ego e o id (Freud, 1923b) 73

A problemática edipiana centrada
no complexo de castração 79

2 Modulações do Édipo

O contexto 103

Os autores 104

Inferências: a orfandade de pai 113

Pior que o poder paterno 115

3 *Habemus* Superego

O contexto 121

Os autores 123

Outra leitura 127

Novos poderes e complexo de Édipo 130

4 O Pai Nosso de cada dia

As razões para uma sintonia 139

O autor 142

Os efeitos 151

5 Os Cenários do Proibido: feminino, masculino, novas patologias

O complexo de Édipo e o sistema patriarcal 157

O "além do Édipo" 158

O poder do pai e outros poderes 160

O patriarcado 162

Freud e o patriarcado em 1900 164

O complexo de castração 165

O complexo de castração como estratégia patriarcal 167

O patriarcado hoje 168

O complexo de castração hoje 172

A "escolha" de patologia   177

Os destinos da interdição   177

Novas patologias?   179

Um percurso pelas novas psicopatologias   182

Novos sintomas e histeria   184

Conclusões   187

Referências bibliográficas   201

Prólogo

Este livro interroga uma problemática: as novas patologias, os novos homens, as novas mulheres.

Por isso, impõe-se, desde um ponto de vista freudiano, tratar do amplo tema do complexo de Édipo, na medida em que é no interior dele que se decantam e se decidem a feminilidade, a masculinidade, as patologias e os estilos de subjetivação.

Mas este texto tem também a intenção de aprofundar e fazer trabalhar – se não de responder – uma série de interrogantes surgidos no encontro entre minha clínica e o diálogo com uma parte da bibliografia psicanalítica atual pós-freudiana e pós-lacaniana.

Essa literatura foi selecionada por tratar dos temas já enunciados e por fazê-lo levando em consideração pontos de vista dos quais compartilho, especialmente no tocante a, pelo menos, dois tópicos.

Em primeiro lugar, esses autores outorgam valor prioritário a uma visão histórica das mudanças na cultura e nos modos de subjetivação atuais. Analisam e trabalham as transformações no tempo dos sistemas econômicos (supremacia do capitalismo liberal globalizado), sociais (decadência do patriarcado, surgimento de novas instituições, crise da família etc.) e políticos (hegemonia das democracias), assim como o peso e os efeitos da tecnociência e as modificações de normas e valores. Propõem hipóteses sobre as determinações, nos novos estilos de subjetivação, dessas profundas alterações.

Em segundo lugar, essa literatura psicanalítica dá um valor central à consideração do complexo de Édipo que, pelas razões já apontadas, não poderia ser obviado quando se trata do feminino, do masculino, das patologias contemporâneas e dos estilos de subjetivação.

Se essas são as concordâncias e as perspectivas comuns, boa parte desses autores extrai de suas análises consequências que se afastam dos meus pontos de vista e que, sem exagero, poderiam ser qualificadas como funestas: decadência da função paterna, ruína da família, morte do Édipo, do desejo, do recalque, do conflito, do inconsciente, da simbolização, da neurose, do sujeito, da sexualidade feminina e masculina; humanidade sujeita a uma *"degeneração catastrófica"* (Lebrun, 2003); fim das patologias clássicas e aparecimento de outras novas que não podem ser analisadas, pelo menos dentro do enquadre habitual; predomínio das perversões, as psicoses e os estados-limites. Será que esses profetas do Apocalipse têm razão?

É nesse espaço que suas predições diagnósticas entram em contradição com minha clínica cotidiana de analista e de supervisora. Desde meu ponto de vista, nela predominam os pacientes neuróticos, em especial os histéricos, mesmo aqueles que chegaram com o rótulo da síndrome de pânico, da bipolaridade, da depressão crônica ou, ainda, da anorexia ou da bulimia. Será uma amostra não representativa? Será que meus hábitos ou meus pontos cegos impossibilitam uma correta avaliação? Trata-se de um otimismo produto da negação maníaca contratransferencial?

Este livro tenta teorizar e fundamentar, no diálogo e no debate, as intuições surgidas na clínica, construindo as pontes entre a literatura mencionada e reflexões que remitem a outros autores e pontos de vista diferentes que a contrariam, dando apoio a conclusões menos catastróficas sobre as novas patologias, os novos homens e as novas mulheres.

Introdução

De que se fala, em verdade, quando se faz referência ao complexo de Édipo?

Certamente não do famoso triângulo "papai, mamãe, nenê" que circula com mais zombaria que interesse no discurso de nosso tempo. Também não se trata de um conceito unívoco, nem mesmo no interior da teoria freudiana. Ainda assim, pode-se calcular uma fórmula geral, já que ele informa sobre a dinâmica psíquica que decide os modos possíveis de subjetivação sexuada, organizados a partir da proibição do incesto.

Esse "complexo nuclear" alcança, na obra freudiana, tal grau de *universalidade e transcendência* que convida à reflexão.

Seria o complexo de Édipo predicado para todo sujeito humano, de qualquer cultura ou época histórica?

Sempre foi o cristalizador das subjetividades e sempre o será?

Seu domínio limita-se ao âmbito de nossa cultura ocidental ou estende-se além dela?

Quando se fala em "novas psicopatologias", não é lícito interrogar-se se elas estão ou não inseridas no marco edipiano? Seriam "novas" apenas nos sintomas, ou estariam excluídas do âmbito de incumbências do complexo?

O "masculino" e o "feminino" freudianos e suas versões neuróticas ("o" obsessivo e "a" histérica) continuam a ser moldados pelo Édipo clássico?

As profundas modificações nas famílias, centrais das operações edipianas, não imprimiriam transformações no processamento e desenlace do complexo?

Numerosos sintomas, dentro e fora da literatura analítica, parecem indicativos de que esse conceito oprime e provoca mal-estar na atualidade. Com frequência, desautoriza-se a vigência ou a universalidade do Édipo. Às vezes, as críticas são frontais, como as de muitas feministas, as de Deleuze e Guattari (1972) ou as do "último" Lacan (1992) etc.; outras vezes, omitindo-se da crítica direta, elaboram-se teorias paralelas (os "casos-limite", as "personalidades narcisistas" etc.) que, de fato, o desconsideram.

Nesse sentido, as interrogações formuladas acima organizam um percurso possível para a reflexão sobre o complexo de Édipo, concentrando-se na questão da universalidade que pode ser atribuída ao conceito freudiano.

Cabe aqui, porém, uma discriminação necessária. Para explicitá-la, é necessário propor a distinção entre aquilo que poderíamos considerar como o complexo de Édipo em *sentido estrito* e o complexo de Édipo em *sentido amplo*.

Em *sentido estrito*, o complexo de Édipo, na obra freudiana, é o resultado de uma intensiva desconstrução operada por Freud sobre o conceito de "instinto" sexual. Esse "instinto", garantia da heterossexualidade reprodutiva a serviço da espécie, seria mera aparência ilusória quando se trata dos humanos. Neles, a sexualidade revela uma extrema plasticidade: os objetos em que busca satisfação, os alvos e as finalidades que persegue, as fontes que a alimentam, são variáveis, múltiplos, contingentes. Essa heterogeneidade inspira o percurso freudiano pelas perversões, cujo saldo é a descoberta de desejos tão estranhos como os necrófilos, objetos tão insólitos quanto os fetiches, órgãos sexuais tão diferentes como o olho ou a pele, alvos tão inquietantes como a morte do parceiro. A heterogeneidade desejante também aparece quando se levanta o véu do recalque que encobre a sintomatologia neurótica. Essa sexualidade perverso-polimorfa tem sua origem na infância. Assim, a aparência de unidade e coerência que a sexualidade de um adulto "normal" pode sugerir é o produto de uma história complexa cujo destino é difícil de predizer enquanto está em processo. O saldo pode chegar a ser um modo de subjetivação masculino ou feminino, mas tal resultado não está garantido. Mesmo que suceda, isso pode acontecer à revelia das considerações anatômicas e, ainda, dos ideais culturais. Há um abismo entre sexualidade e sexuação[1], bem como entre sexuação e heterossexualidade.

Trata-se, então, de um resultado contingente? A resposta freudiana não apontará nessa direção. Pelo contrário, ele proporá uma verdadeira *fábrica de subjetivação sexuada. Um programa, uma máquina, que produza masculinidade e feminilidade, que trabalhe a partir da sexualidade infantil perverso-polimorfa e que esteja ligada à tomada da proibição do incesto.* É dessa fábrica de que se trata, de fato, quando se fala do complexo de Édipo freudiano.

---

1   *Sexuação* é a constituição de uma posição sexual desejante, masculina ou feminina.

Mas essa verdadeira usina, capaz de produzir o efeito da heterossexualidade reprodutiva, é descrita de modos muito diferentes ao longo da obra de Freud. A isso se fazia referência logo no início deste texto, quando se afirmava que o conceito de complexo de Édipo não era unívoco. Assim, há uma proposta inicial freudiana que deixa ainda nas mãos da Natureza a origem dos desejos sexuais incestuosos (Freud, 1900, cap. 5, item D). Mais tarde, o mito do parricídio na proto-história e sua herança filogenética ocuparão o primeiro plano (Freud, 1913). Mais uma revisão será feita às expensas de uma extensa teoria das identificações, na qual o desenlace do complexo de Édipo *completo* organiza como efeito o psiquismo inteiro do sujeito (Freud, 1923b, cap. 3). Finalmente, a última versão, tardiamente enunciada, rege a última década da produção freudiana e enlaça o complexo de Édipo com o condicionamento fálico do complexo de castração (Freud, 1925). Seu "rochedo de base" terá a palavra final na análise. É nesse modelo que Freud enuncia importantes hipóteses sobre como e por que, no processamento do complexo de Édipo, se define tanto a sexuação como a "escolha" de neurose.

Portanto, as questões que se colocavam no começo do texto, a respeito da masculinidade e da feminilidade, devem ser referidas àquele modelo, assim como aquelas que interrogam sobre as patologias neuróticas ou perversas ordenadas a partir dele. O que foi denominado complexo de Édipo em sentido estrito tem esse domínio de pertinência, o que permitirá o tratamento das questões referidas a ele, na tentativa de relativização da universalidade do complexo.

Quanto ao complexo de Édipo em *sentido amplo*, pode-se afirmar que sua especificidade está em dependência da lei de *proibição do incesto*. Tal lei é uma constante, um elemento sempre presente em todas as diferentes formas que Freud propõe para o complexo, do começo até o fim da sua obra. Desde muito cedo Freud menciona essa lei: a primeira referência está no *Manuscrito N* (Freud, 1895a, pp. 295-299, incluso na Carta 64 da correspondência com Fliess), redigido no mesmo ano, de 1897, em que, na Carta 71 (Freud, 1895a, p. 296), começa a teorizar o complexo de Édipo. Assim, desde o primeiro momento, a construção desse complexo será presidida pela proibição do incesto, que domina a dança triangular. Tal proibição anuncia que o que está em jogo é a relação entre um modo específico de subjetivação e as injunções da cultura.

Se já no *Manuscrito N* está presente a proibição do incesto, será em *Totem e tabu* que Freud se ocupará exaustivamente dela. Na origem da proibição, arriscou o mito do pai da horda primitiva. Esse pai reservava para si todo o poder e todas as mulheres e por isso acabou assassinado pelos filhos homens, revoltados e unidos na horda fraterna. Na base da culpa pelo parricídio e da nostalgia pela proteção do pai perdido, eles construíram o pacto pelo qual se proibiram o incesto e o assassinato, renunciando coletivamente às mulheres e ao poder que o pai exercia. Tal pacto fez nascer a ética, a religião, a organização social; em suma, a cultura.

Em *As estruturas elementares de parentesco*, Claude Lévi-Strauss (1981) critica duramente o "mito de origem" freudiano. Porém, também ele sustenta que a lei de proibição do incesto está na base de toda e qualquer cultura. A lei da exogamia, da troca, da aliança, que obriga os homens a cederem e a intercambiarem entre si as mulheres. São elas, e seu poder de fecundidade, os bens do grupo trocados pelos homens. Isso define, ao mesmo tempo e de forma complementar, a regra da heterossexualidade reprodutiva, pelo menos no plano normativo da cultura.

Como se depreende, Freud e Lévi-Strauss, embora de modos diferentes, partilham da mesma suposição: a de que seria perene a lei de proibição do incesto; sua vigência se daria em todos os tempos e lugares, no interior de toda cultura. Ambos afirmam sua universalidade, que transcenderia as vicissitudes da história humana, passíveis de relativizá-la.

Michel Foucault (1988), em *A vontade de saber*, também considera a centralidade constituinte da lei de proibição do incesto. Para ele, essa lei situa-se no núcleo do que denomina "dispositivo da aliança", que dá origem a regras estritas que regem as relações entre os sexos, o permitido e o proibido, dentro do modelo da heterossexualidade reprodutiva compulsória.

Sua concordância com Freud e Lévi-Strauss, porém, é só aparente. Para Foucault, se a prescrição da aliança, antiga, ainda não ocorreu, está em vias de acontecer. Com efeito, a aliança seria um dispositivo do "poder soberano", e essa modalidade de poder, representativa dos Estados monárquicos que sucederam o feudalismo, estaria decaindo no Ocidente desde o século XVII. Até essa época, chegou a consolidar, em virtude do dispositivo da aliança, a família patriarcal. Mas valendo-se dessa família como ponto de aplicação, começa a atuar um novo poder: o "poder disciplinar". Produto do capitalismo tardio, controla a qualidade da população, instituindo-se como um verdadeiro biopoder. Não restringe a sexualidade, estimula-a. Deve-se dizer tudo sobre o corpo, suas sensações, seus prazeres, que são vasculhados, fixados, desenvolvidos. A esse modo de trabalho do poder disciplinar, que se instila sobre e entre os membros da família, família que se alicerçara sobre o dispositivo da aliança, Foucault denomina "dispositivo da sexualidade". Nesse processo, a ordem do dispositivo da aliança foi subvertida, do que decorreria toda a preocupação do Ocidente, no final do século XIX, com a lei de proibição do incesto: ocupar-se tanto dela foi um modo de incentivá-la, de se defender do dispositivo da sexualidade que invadia o campo ordenado das leis da aliança.

Nas palavras de Foucault (1988):

> É uma honra política para a psicanálise [...] ter suspeitado [...] do que poderia haver de irreparavelmente proliferante nesses mecanismos de poder [...]: daí o esforço freudiano [...] para dar à sexualidade a lei como princípio – a lei da aliança, da consanguinidade interdita, do Pai soberano – em suma, para reunir em torno do desejo toda a antiga ordem do poder. (p. 141)

Ressalte-se que Foucault afirma que o dispositivo da sexualidade não substituiu o da aliança, apesar de considerar ser possível que isso ocorra no futuro.

Levando-se em consideração os aportes de Foucault, e, ao mesmo tempo, se afastando um pouco deles, é importante para este livro retomar sua hipótese de que não se estaria, na contemporaneidade, sob o reinado indiscutível de um novo tipo de poder, e sim na *transição* entre o precedente e este.

No entanto, Foucault parece entender que Freud, entre outros igualmente conservadores ou retrógrados, estaria propondo-se a restaurar a vigência do dispositivo da aliança em vias de extinção. Parece possível considerar de outro modo a questão. Pode-se pensar que, em Freud e seus contemporâneos, estão em luta os efeitos subjetivantes, conflitivos, de ambas as modalidades de poder. Desse ponto de vista, e focalizando agora para o problema que nos ocupa, pode-se formular que, hipoteticamente, o conceito de complexo de Édipo freudiano foi construído num espaço teórico muito singular e específico: aquele determinado pelos efeitos da *interseção*[2] dos dispositivos da sexualidade e da aliança.

Trata-se de propor a ideia de que foi neste ponto que Freud o delimitou, apreendendo a dinâmica da conflitiva entre desejo e rivalidade, de um lado, e a lei de proibição do incesto, do outro. Não a partir de um cálculo político conservador, nem de esforços ou de vocação pessoal para pôr ordem na desordem, como Foucault parece sugerir. Mas sim a partir do que genialmente pôde produzir na elaboração teórica da problemática psicopatológica acerca da qual se interrogava: problemática de sujeitos dilacerados entre os efeitos da proibição da aliança debilitada e os impulsos da sexualidade incestuosa exacerbada, conflitos que não deixou de encontrar na própria autoanálise. Não precisou reforçar nem desconsiderar recalques ou desejos: discriminou-os, estabeleceu a relação mútua entre eles e sua dinâmica, no estado em que se produziam nesse momento histórico do Ocidente, como efeitos *híbridos* da confluência dos dispositivos (aliança e sexualidade) que Foucault descreve. Ou seja, vigorando ainda a proibição do incesto, é cada vez mais marcante sua subversão por parte do dispositivo da sexualidade, desagregadora dos efeitos da aliança.

Se o complexo de Édipo freudiano pode ser entendido como teorização dos efeitos subjetivantes produzidos no espaço da *confluência* dos dispositivos da aliança e da sexualidade, é possível extrair, a partir dessa hipótese, algumas

---

2   Utiliza-se metaforicamente esse conceito matemático da Teoria dos Conjuntos.

consequências. Assim, o complexo de Édipo pode continuar sendo considerado um conceito maior da teoria psicanalítica, que dá conta da produção de determinações subjetivas, como a assunção de uma posição sexuada e a "escolha" de neurose ou, ainda, de perversão. Mas (e isso é o que nos interessa destacar) as condições de possibilidade do complexo de Édipo têm que ser especificadas a partir de determinantes de maior abrangência, que o tornam ou não possível, e podem organizar diferentes configurações, talvez afastadas das que, originariamente, Freud descreveu. Essas determinantes capazes de reger as condições de existência do domínio do conceito de complexo de Édipo, podem ser, por exemplo, os dispositivos e poderes presentes nas hipóteses foucaultianas.

Considero que existem outras teorizações a partir das quais seria possível criticar a abrangência universal e transcendente do conceito aqui focalizado. Assim, por exemplo, considerar-se-iam o "último" Lacan (1992) e mesmo um de seus continuadores, J. A. Miller (2000-2001), que questionam a vigência do domínio do significante Nome do Pai em relação ao gozo e se perguntam pela equação que substituiria a "fórmula freudiana".

O importante é que a relativização do conceito em questão permite considerá-lo, já não como universal e transcendente, mas como expressivo da ação de determinantes que o condicionam, que podem variar e modificá-lo, ou até, talvez, considerá-lo prescrito em situações que podem ser especificadas. O modelo do complexo de Édipo, tão claro e abrangente quando se pensa nos modos de subjetivação ocidentais do passado recente, talvez exija reajustes e até profundas modificações, no momento em que se tenta dar conta de sujeitos de outras épocas e culturas. Pode acontecer que, na determinação desses sujeitos, a lei da proibição do incesto se reflita por outras modalidades de atuação, diferentes da "família semipatriarcal" que corresponde ao contexto da descoberta freudiana, ou, mesmo, que essa lei se eclipse em sua função.

Desconsiderar o complexo de Édipo, deixá-lo de lado, asseverar que já não tem validade? Parte-se aqui da hipótese de que é cedo para fazê-lo, especialmente pelo que o próprio Foucault afirma, tantos anos depois de Freud, a respeito de o dispositivo da sexualidade não ter substituído, ainda, o da aliança. Isso significa que continuamos na *interseção*, mesmo que o equilíbrio das forças não seja mais o mesmo que aquele que se verificava na Viena freudiana. Nesse sentido, seria interessante que os questionamentos a respeito da vigência do modelo edipiano explicitassem se consideram que seu pilar fundamental, a lei de proibição do incesto, prescreveu. Sem essa consideração, não seria pertinente a liquidação das hipóteses freudianas, centradas no valor determinante dessa proibição.

Ao mesmo tempo, é imprescindível reconhecer a atuação, em nossa cultura, de tudo aquilo que atenta contra o modelo da heterossexualidade compulsória, a consequente valência diferencial dos sexos com supremacia masculina (Héritier, 1996) e a figura da família centrada no pai poderoso, todos esses efeitos da aliança, agora em franco recuo.

Muitos analistas contemporâneos chamaram a atenção sobre as consequências, nos modos de subjetivação, dessas profundas mudanças. Surgiram comparações entre as "neuroses clássicas" e as "novas patologias" que se foram discriminando. Enfatizaram-se as transformações na constituição do feminino e do masculino. Embora não seja pertinente entrar no mérito dessas notáveis modificações nesta Introdução, é importante chamar a atenção sobre o interesse e a necessidade de especificar as relações desses modos de subjetivação contemporâneos com a problemática edipiana, mesmo se for necessário reformulá-la para poder dar conta das questões. A consideração dessas ligações é obviada com frequência, seja porque se joga o complexo de Édipo junto com a água do banho, sem mais explicações, seja porque esse complexo continua a ser afirmado em sua forma canônica ou se descreve, por exemplo, quase como uma emenda, uma travessia incompleta por ele, que permaneceria idêntico, para caracterizar as novas psicopatologias (Lebrun, 2003).

Voltando agora ao início desta Introdução, é necessário retomar a distinção feita entre complexo de Édipo *em sentido estrito* e *em sentido amplo*. O objetivo de tal discriminação é o de permitir uma ordenação dos problemas a serem pesquisados nos próximos capítulos. Assim, considerando-se o exposto a respeito do complexo de Édipo *em sentido estrito*, é evidente que as questões ligadas às novas formas de feminilidade e de masculinidade, assim como aquelas centradas nas psicopatologias contemporâneas, incluem-se na problemática relacionada com o complexo, já que é no seu interior que se decidem sexuação e "escolha" de psicopatologia. Será necessário, por isso mesmo, fazer um percurso cuidadoso pelas diferentes formulações do complexo de Édipo presentes na obra freudiana, para que sirva como contexto de referência dos pontos de vista "clássicos", de modo que seja possível tecer considerações sobre as transformações e o novo.

Quanto àquilo que foi denominado como complexo de Édipo *em sentido amplo*, ele rege o tratamento das questões ligadas à proibição do incesto como modalidade de renúncia pulsional. Implica perguntar-se sobre sua vigência, ou não, na cultura contemporânea, as transições possíveis, as modalidades nas quais se faz ou não presente. Portanto, é em relação ao complexo de Édipo *em sentido amplo* que se atualizam os interrogantes referidos a culturas diferentes da tradicional, presentes, passadas ou futuras, assim como aquelas que se aplicam aos diversos tipos de famílias a ser considerados.

Ao mesmo tempo, é necessário reiterar a dependência mútua de ambos esses ângulos de mira – *estrito ou amplo* – sobre o complexo de Édipo.

Assim, o desenvolvimento da presente pesquisa coloca *a priori* a necessidade de incluir reflexões sobre alguns tópicos:

- o complexo de Édipo na obra freudiana;
- o complexo de Édipo, as neuroses clássicas e as novas patologias;
- o complexo de Édipo, o masculino e o feminino "tradicionais" e atuais;
- o complexo de Édipo na família tradicional patriarcal e na contemporânea.

A Conclusão recolhe os subsídios da pesquisa para retomar os problemas relacionados à universalidade e à transcendência do complexo de Édipo, em sentido amplo e em sentido estrito, e a sua vigência na contemporaneidade.

1
O Complexo de Édipo em Freud

Introdução

Na Introdução que antecede a este capítulo, foi enunciada a necessidade de fazer um percurso cuidadoso pelas diferentes formulações do complexo de Édipo presentes na obra freudiana, para constituir o contexto de referência quanto aos modos de subjetivação sexuados e de "escolha" de neuroses. Assim, os modelos propostos por Freud poderiam, em capítulos ulteriores, ser utilizados para a reflexão comparativa a respeito das patologias e modalidades de sexuação contemporâneas. Também serviriam ao objetivo de cotejar padrões referidos a culturas e tempos históricos diferentes.

No entanto, a formulação da necessidade cria, ao mesmo tempo, a dimensão crítica: com que perspectiva abordar o complexo de Édipo na obra de Freud?

Em princípio, não parece possível considerá-lo em bloco, nem dar dele uma definição única. Não só não existe uma versão unívoca daquele complexo em Freud, como também parece empobrecedor selecionar – como se faz com frequência – um determinado "modelo" (por exemplo, centrado no complexo de castração) e decidir que aquele é o "verdadeiro" ou a versão "final". Quando Freud o desenvolve, nem sempre explicita os fundamentos que lhe deram origem em sua própria produção.

A obra freudiana será extensamente visitada para identificar problemas que nela se colocam, bem como respostas que o autor vai elaborando, novos interrogantes que aparecem, evidências de que "complexo de Édipo" não quer dizer a mesma coisa quando descrito em *A interpretação dos sonhos* (Freud, 1900), sem nome ainda, e quando é mencionado, por exemplo, em *O ego e o id* (Freud, 1923b).

O percurso será cronológico, mas também conceitual. Assim, determinados textos serão mencionados segundo uma ordem temporal, mas analisados e incorporados a esta apresentação quando entrarem em coerência teórica com os conceitos com os quais se compõem.

Na exposição dos artigos freudianos, estar-se-á atento a uma crítica interna das hipóteses que Freud vai apresentando, seu grau de coerência, consistência ou contradição. Por esse motivo, a bibliografia do texto é quase exclusivamente a *Obras completas* desse autor. A edição utilizada é a de Amorrortu (Buenos Aires, 1979). As traduções, tanto dos títulos das obras de Freud como dos textos citados, e os itálicos dos diferentes artigos são da autora deste livro.

A Carta 69 (Freud, 1895a, p. 301)

O percurso proposto inicia-se com a Carta 69, de 21 de setembro de 1897, da correspondência com Fliess.

A famosa frase "Já não acredito na minha neurótica" expressa o questionamento de Freud de sua teoria da sedução. Suas dúvidas a respeito dela são "o resultado de um trabalho intelectual honesto e vigoroso", e ele se orgulha "de ser capaz de uma crítica assim, depois de ter aprofundado tanto" (Freud, 1895a, p. 302). Com efeito, uma complexa psicopatologia e uma casuística extensa haviam sido deduzidas por ele a partir da teoria da sedução[3], herdeira da teoria traumática a qual complementa e especifica.

Freud acumula varias séries de motivos para sua desconfiança a respeito das hipóteses etiológicas que até então sustentara. Os fracassos em sua clínica aparecem em primeiro lugar. Além disso, já não acredita na possibilidade de que os atentados sexuais dos pais contra as crianças tenham uma difusão tal que deem conta do extraordinário número de neuróticos que povoam o mundo. Finalmente, e já que no inconsciente não existem signos de realidade, pergunta-se se as cenas de sedução relatadas pelos pacientes como ocorrências reais da infância não serão fantasias sexuais, e não fatos realmente acontecidos. Sendo esse o caso, haveria agora que se admirar pela universal frequência com que a fantasia sexual se ocupa do tema dos pais. Eis aí a primeira suspeita da existência de desejos sexuais incestuosos na criança e, portanto, de uma sexualidade infantil.

Pode-se ver, na origem desta aproximação àquilo que virá a ser o complexo de Édipo, uma inversão da teoria da sedução: não eram os pais os que atentavam contra a criança;

---

3 A esse respeito, vejam-se, por exemplo: "Las neuropsicosis de defensa", de 1894; "Obsesiones y fobias", de 1895; "Nuevas puntualizaciones sobre las neuropsicosis de defensa", de 1896 etc., em *Obras completas de Sigmund Freud*, v. 3 (Buenos Aires: Amorrortu, 1979).

era esta que desejava encontrar-se em tal situação e com ela fantasiava. Poder-se-ia dizer que a teoria da sedução trazia já nela o que viria a ser o complexo de Édipo, trocando o sujeito pelo objeto e vice-versa.

Quanto aos impulsos hostis, efeito da rivalidade sexual, não há menção a eles nesta carta. No entanto, no "Manuscrito N", adjunto à Carta 64, de 24 de maio de 1897 (Freud, 1895a, p. 295-299), Freud se ocupa do desejo de seus pacientes relativos à morte dos pais e ainda acrescenta a hipótese de que "nos filhos homens esse desejo de morte se volta contra o pai e nas filhas mulheres contra a mãe" (Freud, 1895a, p. 296).

O mesmo "Manuscrito N" termina com a menção ao "horror ao incesto", efeito da imposição cultural de renunciar à liberdade sexual. Como se pode notar, desde o início da produção de Freud, não se trata, naquilo que virá a ser o complexo de Édipo, do triângulo "papai, mamãe, nenê". Esse complexo encontrará seu lugar entre os modos de subjetivação e as renúncias que impõe a cultura.

A Carta 71 (Freud, 1895a, p. 307)

A Carta 71, de 15 de outubro de 1897, como todas as daquele verão, foi escrita num momento de máxima imersão de Freud em sua autoanálise, na situação de luto pela morte de seu pai. Ela se inicia com um fragmento da autoanálise e conclui: "Um único pensamento de validade universal me foi dado. Também em mim achei o amor pela mãe e os ciúmes pelo pai e considero isso um acontecimento universal da primeira infância" (Freud, 1895a, p. 307).

Não aparecem aqui dúvidas, apesar de que esta conjunção de desejos sexuais infantis incestuosos e hostis não tenha ainda uma denominação específica. Mesmo assim, é já um *instrumento* de compreensão e de interpretação que Freud aplica, a seguir, no texto, à etiologia da histeria. Também se utiliza dele para excursionar brevemente por *Édipo Rei*, de Sófocles, e por *Hamlet*, de Shakespeare.

Interpretação dos sonhos: "Os sonhos sobre a morte de pessoas queridas" (Freud, 1900, cap. 5, ponto D)

Em "Os sonhos sobre a morte de pessoas queridas", Freud refere-se aos sonhos em que, no conteúdo manifesto, é representada a morte de um ser amado, em especial, pais e irmãos. A condição para que sejam considerados "sonhos típicos" é que neles o sujeito sinta dor ou angústia. Esses afetos são o único fator de deformação do desejo de morte que anima aquele que sonha a respeito de seu ente querido. A censura exercida sobre tal desejo aparece no nível do afeto, e não no da representação. Esta última realiza o propósito latente: ver morta a pessoa à qual se dirige a hostilidade (e também o amor). Freud esclarece que não se tratam de desejos atuais, e sim de desejos sexuais infantis recalcados: somente esses são capazes de originar um sonho.

Por que esse voto hostil tem caráter sexual? É "como se desde muito cedo aparecesse uma preferência sexual, como se o menino visse no pai e a menina na mãe, competidores no amor que, se desaparecessem, só trariam vantagens" (Freud, 1900, p. 265). E Freud acrescenta:

Os desejos sexuais da criança [...] acordaram muito cedo na infância, e a primeira inclinação da menina dirigiu-se ao pai e os primeiros apetites infantis do menino apontaram para sua mãe. Assim, o pai para o menino e a mãe para a menina transformaram-se em rivais perturbadores. (Freud, 1900, p. 266)

Mas a mesma preferência sexual existe nos pais, e não só na criança, de modo que um "impulso *natural*" (Freud, 1900, p. 267) se dirige do pai à menina, e da mãe ao menino. Assim, quando a criança escolhe como objeto de desejo o progenitor do outro sexo, "cede à sua própria pulsão sexual, renovando, aos mesmo tempo, a incitação que veio dos pais" (Freud, 1900, p. 267).

Freud vai dar exemplos clínicos, em crianças, neuróticos e "normais", dessa constelação de desejos amorosos e hostis, para concluir:

Os pais protagonizam o papel principal na vida anímica infantil de todos os que depois serão neuróticos. O amor por um dos membros do casal parental e o ódio pelo outro são [...] um patrimônio inalterável de enorme importância para a sintomatologia da neurose ulterior. Mas não acredito que os neuróticos se diferenciem das outras crianças que depois serão normais. (Freud, 1900, p. 269)

Será em apoio dessa hipótese que Freud evocará, como na Carta 71, o *Édipo Rei* de Sófocles, para concluir:

Seu destino nos comove porque poderia ser o nosso, já que antes de nosso nascimento o Oráculo fulminou-nos com essa mesma maldição [...] A todos foi destinado dirigir o primeiro impulso sexual para a nossa mãe e o nosso primeiro ódio e o nosso desejo violento contra nosso pai. Como Édipo, vivemos na ignorância desses desejos que ofendem a moral, desses desejos que a Natureza forjou em nós. (Freud, 1900, p. 271-272)

Finalmente, Freud analisa Hamlet, da peça homônima de Shakespeare, para mostrar que os mesmos desejos incestuosos e hostis recalcados estão na base da neurose histérica que atribui ao personagem.

Que se pode concluir a partir do texto?

Em primeiro lugar, que esses desejos são *universais* na infância e que, portanto, nós os encontraremos tanto em neuróticos como em sujeitos "normais". A diferença entre esses modos de subjetivação ("neurose" e "normalidade") estará dada pelo menor ou maior retorno desses desejos recalcados no adulto. Será então o destino dos desejos o que determinará a "saúde" ou a "doença", e não sua presença ou ausência, já que são postulados como existentes em todos os seres humanos.

Em segundo lugar, chama a atenção o caráter *natural* do desejo incestuoso (enquanto o hostil deriva da rivalidade amorosa). Mas não é apenas natural e espontâneo o desejo incestuoso. Também são naturais seu caráter sexual e sua *especificidade objetal*: afirma-se que, desde muito cedo, a criança é atraída pelo outro sexo. O caminho parece fechado a qualquer interrogação a respeito da origem, da construção de uma posição subjetiva sexuada, masculina ou feminina. Nasce-se já homem ou mulher psiquicamente, tal como anatomicamente, e é "natural" ser heterossexual.

Apesar do "diferencialismo" naturalista da hipótese sobre a origem de uma posição desejante masculina ou feminina, não deixa de existir *analogia* entre o que acontece com o menino e o que acontece com a menina: para ambos, o primeiro objeto desejado é o progenitor do outro sexo.

Finalmente, Freud não se contenta em deixar o desejo sexual incestuoso totalmente nas mãos da Natureza. O parágrafo em que se refere à preferência sexual dos pais pelos filhos ou pelas filhas, dá espaço, no nível das séries complementares, aos *"outros"* na especificação do desejo infantil, mesmo que, nesses outros, a preferência seja também "natural".

Três ensaios para uma teoria sexual (Freud, 1905b)

Introdução

Os *"Três ensaios para uma teoria sexual"* foram publicados pela primeira vez em 1905. Nas edições ulteriores (1910, 1915, 1920 e 1924), Freud introduziu numerosas alterações e adendos ao texto. Como resultado, as partes não se ajustam teoricamente entre si nem ao conjunto.

Para continuar o fio das considerações sobre o complexo de Édipo que estão sendo esboçadas, aqui será considerado somente o texto de 1905, que afortunadamente foi cuidadosamente assinalado pela edição de Strachey, critério retomado na de Amorrortu. Ficam assim, exteriores a essa análise, todos os parágrafos e notas de rodapé das edições posteriores à de 1905. Pelo mesmo critério, não serão incluídos do segundo ensaio, os itens cinco ("A investigação sexual infantil", de 1915) e seis ("Fases do desenvolvimento da organização sexual", de 1915) e do terceiro ensaio, o item três ("A teoria da libido", de 1915).

Comparando-se o caso Dora, publicado em 1905 (Freud, 1905a) com os "Três ensaios", fica evidente que compartilham o mesmo referencial teórico a respeito do inconsciente, do recalque, da sexualidade infantil e adulta, da psicopatologia etc. Só que, em Dora, Freud vai desentranhar, com a maior delicadeza, os percursos *psíquicos* que os desejos sexuais infantis recalcados desenham. Sonhos, sintomas, atos sintomáticos acabam entregando seus anelos furtivos à análise. Já "Três ensaios" é uma obra "dura", em que Freud parece empenhado em deixar em segundo plano o inconsciente[4], o modo pelo qual este trabalha, as criações de que é capaz. Em parte, talvez, porque já se dedicara exaustivamente a isso nas últimas obras que publicou, contemporâneas de "Três ensaios": *A interpretação dos sonhos, Psicopatologia da vida cotidiana* (Freud, 1901), *O chiste e sua relação com o inconsciente* (Freud, 1905c) e o caso Dora. Em parte, também, pela necessidade, uma vez abandonada a teoria da sedução, de se afastar momentaneamente dos fatores "acidentais" (no sentido das séries complementares) que afetam a sexualidade e considerar com mais cuidado a constituição sexual e a herança (sempre no sentido das séries complementares).

Esse foco de interesse é explicitado como tal num artigo contemporâneo dos "Três ensaios": "Minhas teses sobre o papel da sexualidade na etiologia das neuroses", (Freud, 1905b). Ambos os textos são evidências de que Freud está aqui deixando de lado, momentaneamente, o que Lacan denomina o registro do simbólico para submergir no registro do real da pulsão (incluindo sua química). Talvez por isso o autor de "Três ensaios" tenha sido acusado de endogenista.

Também para os leitores habituados a acompanhar Freud nas suas incursões no domínio do *psíquico*, do manifesto ao latente, do consciente ao inconsciente, driblando os infinitos truques do recalcamento, estes ensaios provocam, em determinados momentos, um certo espanto.

---

4   A palavra "inconsciente" aparece somente três vezes no escrito original de 1905: nas pp. 149, 151 e 211, na edição de Amorrortu.

A pulsão sexual

Freud começa ocupando-se da pulsão sexual para mostrar que, ao contrário do que a opinião popular sustenta, tal pulsão existe na infância, sob múltiplas formas que se reencontram no adulto, seja este "perverso", "neurótico" ou "normal". A heterossexualidade reprodutiva é apenas uma dessas formas. Zoofilia, necrofilia, pedofilia, homossexualidade, fetichismo, voyeurismo, exibicionismo, sadismo, masoquismo são também expressões da sexualidade, tão genuínas quanto a primeira, apesar de procurar objetos e finalidades muito afastadas da relação heterossexual que definiria a norma, segundo a opinião popular. Assim, sexual não coincide com genital. A pulsão não é uma, mas sim múltipla, e também o são os objetos aos quais aspira e as finalidades que persegue. As raízes dessa variabilidade se encontram na infância.

Origens da sexualidade

Para Freud, então, as origens da sexualidade estão na infância. A princípio ele afirma: "Parece seguro que o neonato traga consigo germes de impulsos sexuais que continuam se desenvolvendo durante algum tempo, mas depois sofrem uma progressiva sufocação" (Freud, 1905b, p. 160).

A essa hipótese, relacionada ao inato, acrescenta-se outra, ligada à experiência do *infans* e que a complementa. No exercício das funções de autoconservação, a criança experimenta prazeres que depois lembra e reproduz com independência do objeto externo que providenciou a satisfação primeira[5]. Uma parte da sexualidade infantil se exerce assim

---

[5] Conceito de *Anhelung* ou apoio, que mais tarde será desenvolvido por Freud.

autoeroticamente, ligada a uma zona erógena de importância autoconservativa (boca, ânus, genitais, pele, musculatura etc.) e que se transformou numa fonte autônoma de prazer e de excitação sexual.

Existem mais componentes da pulsão sexual, de aparição espontânea, que se acrescentam a essa disposição perverso-polimorfa da sexualidade infantil: trata-se das *pulsões parciais* – voyeurismo, exibicionismo, sadismo, masoquismo. A satisfação delas não é autoerótica, já que envolvem outras pessoas como objeto sexual.

Freud afirma que o encontro com o objeto sexual é preparado desde a mais tenra infância (Freud, 1905b, cap. III, item 5). O primeiro objeto é o seio materno. Uma parte dos desejos ligados a ele passa a ser satisfeita autoeroticamente, como já enunciara antes. Outra parte, considerável, conserva sua relação direta com o objeto e serve de base para o *amor sexual às pessoas que cuidam da criança*, em especial a *mãe*. Esta é "uma fonte contínua de excitação e de satisfação sexual..." (Freud, 1905b, p. 203).

E continua Freud: "... e tanto mais pelo fato de que [...] ela dirige para a criança sentimentos que se originam em sua vida sexual: acaricia-o, beija-o, aninha-o e trata-o claramente como um substitutivo de um objeto sexual de pleno direito" (Freud, 1905b, p. 203).

Esta citação foi dividida em dois parágrafos diferentes para sublinhar que a primeira parte centra-se no que é o objeto sexual seio-mãe para a criança: é o objeto incestuoso, por enquanto, para o menino. Vinte anos se passarão até Freud considerar que ele vale também para a menina. Quanto à segunda parte da citação, trata-se do objeto que a *criança* é para a mãe. Muitos anos mais tarde, será por esse viés que a teoria da sedução recuperará seu espaço teórico e com ele o reingresso, de direito, do próximo, na origem do desejo sexual.

Também aparece desde a mais tenra infância "o impulso sexual da criança dirigido aos seus progenitores, quase sempre já diferenciado pela atração do sexo oposto: a do menino pela sua mãe e a da menina pelo seu pai" (Freud, 1905b, p. 207).

Finalmente, a *bissexualidade* também é inata, e de tal importância que Freud afirma:

> Desde que me familiarizei com o ponto de vista da bissexualidade através de W. Fliess considero que ela é o fator decisivo e que se não é levada em conta, dificilmente se chegarão a compreender as manifestações sexuais do homem e da mulher, como as apresentam a observação dos fatos. (Freud, 1905b, p. 201)

Resumindo, os desejos sexuais infantis se originam a partir de:

- germes inatos da pulsão sexual;
- satisfações vivenciadas com um objeto e reproduzidas autoeroticamente (desejos orais, anais etc.);
- pulsões parciais (sadismo, voyeurismo etc.);
- satisfações sexuais experimentadas com o seio materno, que se transforma no primeiro objeto. A mãe é sua herdeira;
- "sedução" por parte da mãe;
- atração espontânea pelo outro sexo;
- disposições bissexuais.

Como vemos, trata-se de um conjunto heterogêneo e contraditório, que inclui desejos originados em disposições inatas e os mescla a outros vindos da experiência com o próximo e da ação dos desejos deste sobre a criança. Pode receber reforços tanto a partir do interior do próprio psiquismo como a partir do objeto exterior, dos acontecimentos que afetam o vivenciar da criança. E, talvez o mais importante, *não existe uma hierarquia entre esses desejos.* Portanto, um desejo incestuoso não tem mais ou menos peso que um desejo homossexual ou um desejo oral.

O que virá a ser mais tarde denominado por Freud de complexo de Édipo (e que já é reconhecido por ele como conjunto de desejos incestuosos e hostis) não tem ainda um valor central nem centralizador, nem é – como afirmará mais tarde – o "complexo nuclear das neuroses": trata-se de importantes desejos de um conjunto mais amplo deles. Assim, por exemplo, na análise de "Dora", escrita em 1901, mas publicada em 1905 (Freud, 1905a), Freud sustentará que ela é uma *chupadora*, que se *masturba* e que reativou seus *desejos incestuosos* infantis pelo pai para se defender dos *desejos heterossexuais* pelo Sr. K e dos *desejos homossexuais* pela Sra. K. Todos esses desejos, recalcados, estão na base de sua neurose.

Características da sexualidade da criança

Durante a infância, manifesta-se o conjunto dos componentes da sexualidade recém-descrito. Múltiplos desejos atravessam a criança, que é definida por Freud como "perverso-polimorfa". Satisfação autoerótica e satisfação direta com o objeto, impulsos hetero e homossexuais realizam-se, mesmo em aparente contradição.

É interessante destacar que Freud considera que não existem diferenças entre as manifestações sexuais dos meninos e as das meninas, até porque estas últimas são "masculinas" durante a infância, já que é o clitóris a zona erógena da masturbação. Freud afirma: "Esta semelhança suprime, na infância, a possibilidade de uma diferença entre os sexos como a que se estabelece depois da puberdade" (Freud, 1905b).

Conclui-se, então, que meninos e meninas não apresentam diferenças quanto às manifestações da sexualidade infantil. Porém, não se deve esquecer que Freud também esclareceu que o primeiro objeto sexual dos primeiros é a mãe, e o das meninas é o pai. Como já foi observado acima, vinte anos se passarão até que Freud reformule essa afirmação.

Destinos da sexualidade infantil

O destino da sexualidade infantil será o *recalcamento* de todos os desejos que a animam; a criança ingressa, então, no período de latência, que se estenderá até a puberdade.

Como se produz essa sufocação tão ampla?

Dois tipos de barreiras opõem-se à sexualidade infantil: os "diques" e a barreira do incesto.

Os "diques"

Assim Freud denomina uma ampla gama de afetos que são capazes de transformar as satisfações sexuais infantis em experiências desagradáveis e fontes de desprazer. Trata-se da vergonha, do asco, da compaixão, da estética e dos sentimentos morais. Surpreendentemente, afirma: "Esses diques são de condicionamento orgânico, fixado pela herança e podem se produzir sem nenhuma ajuda da educação" (Freud, 1905b, p. 161).

Duas séries de razões podem, porém, atenuar a surpresa inicial provocada pela afirmação. A primeira é que a ação desses diques é a transformação do prazer, até então sentido, em desprazer. A criança exibicionista começa a sentir vergonha de se mostrar sem roupas; aquela outra que adorava torturar seu irmão, passa a sentir pena dele; os excrementos deixam de ser brinquedos, porque aparece uma sensação de nojo relacionada a eles. Uma vez transformado o vinho em vinagre, ou seja, o prazer em desprazer, o percurso do desprazer é psíquico e produz automaticamente o recalque (especificamente, a formação reativa) que se constitui dentro do aparelho psíquico com os meios habituais (contrainvestiduras). Ou seja, o condicionamento é orgânico, mas o processamento é psíquico.

A segunda série de razões parece especialmente pertinente para o leitor de um texto como "Três ensaios". Freud não dispõe ainda de determinados conceitos capazes de dar conta de afirmações universais, gerais, no campo do psiquismo. Quando tiver construído instrumentos teóricos como os conceitos de "identificação", "superego" etc., poderá também explicar determinados efeitos psíquicos, como o aparecimento dos "diques", de um modo tal que não dependam da educação nem de condicionamentos orgânicos. Por enquanto, como explicar a presença de efeitos universais senão recorrendo ao organismo e à herança?

Quanto aos diques, para Freud, eles afetam todos os desejos da criança perversa-polimorfa e provocam o recalcamento de tais desejos. A ação desses diques, na clínica dos neuróticos, será assinalada por Freud como "censura", "resistência", "defesa".

É durante a latência que aparece uma primeira diferença entre meninos e meninas: as barreiras atuam com maior intensidade nas últimas. Freud afirma:

Já na infância se reconhecem disposições masculinas e femininas: o desenvolvimento das inibições da sexualidade (vergonha, asco, compaixão) aparece na menina mais cedo e com menores resistências que no menino; em geral, parece maior nela a inclinação ao recalcamento sexual. (Freud, 1905b, p. 200)

A barreira do incesto

Os desejos sexuais infantis dirigidos ao progenitor do outro sexo são recalcados pela barreira do incesto, que se erige ao mesmo tempo em que se levantam os diques de que falamos acima. Em relação a ela, Freud afirma: "O respeito a essa barreira é especialmente uma exigência cultural da sociedade" (Freud, 1905b, p. 205).

É o mesmo que afirmara no "Manuscrito N", já citado. Numa nota de rodapé, de 1915, Freud sustentará, pelo contrário, o caráter hereditário da barreira do incesto. Quando se trabalhar *Totem e tabu*, retornaremos a este ponto.

Em todo caso, o destino dos desejos incestuosos e hostis é a barreira, aquilo que mais tarde denominará complexo de Édipo. Assim como acontece com os diques, uma vez levantada a barreira, uma vez transformado o prazer em desprazer, é produzido automaticamente o recalque. Quase vinte anos mais tarde, o conceito de "superego" dará conta dos "diques" e das "barreiras".

A puberdade

Segundo Freud, é na puberdade que se separa o desenvolvimento de cada gênero.

a. Na *garota*, o recalque da latência será renovado. Intensifica-se a sufocação da sexualidade masculina da primeira infância e é deslocada a zona erógena principal, passando do clitóris para a vagina.

Na mudança de zona erógena dominante, assim como na onda de recalque da puberdade que elimina a virilidade infantil, residem as principais condições da tendência da mulher à neurose, em particular à histeria. Essas condições se entrelaçam então, e de modo mais íntimo, com a natureza da feminilidade. (Freud, 1905b, p. 202)

Uma outra condição diferencia as garotas dos garotos: com a puberdade, em ambos os sexos retornam as fantasias incestuosas da infância, que devem ser vencidas junto com a dependência dos pais. Freud afirma: "[...] existem pessoas que nunca superaram a autoridade dos pais e nunca retiraram a ternura deles [...]. São, quase sempre, garotas. Passam a ser esposas frias e sexualmente anestesiadas" (Freud, 1905b, p. 207).

Podem sublinhar-se, então, duas condições que especificam a feminilidade: o maior recalque da sexualidade e uma incidência muito grande de fracassos na superação da escolha infantil, incestuosa, de objeto.

Por tudo isso, são características femininas as inibições, a passividade, a submissão, o infantilismo e a tendência às neuroses, em especial à histeria.

b. No *garoto*, a puberdade inaugura o aumento da excitação sexual. A zona erógena principal – o pênis – é mantida. A virilidade é exacerbada e com ela, a posição ativa. O jovem pode fracassar na superação da escolha infantil, incestuosa, de objeto e ser, então, vitimado pela neurose.

Como se pode notar, a elaboração do que Freud denominará mais tarde a "superação do complexo de Édipo" não é, nos "Três ensaios", uma tarefa exclusiva da infância. Os desejos incestuosos e hostis sofrem uma renovação na puberdade. O garoto e a garota poderão afastar-se deles ou recalcá-los de modo insuficiente e se tornarem neuróticos.

A neurose, a perversão, a norma

Apesar do que se acaba de afirmar, no texto que está sendo analisado, a *neurose* não está ligada exclusivamente aos *desejos incestuosos* não superados. Estes são importantes, mas não detêm o valor central que adquirirão mais tarde, como "complexo nuclear" das neuroses. A etiologia das neuroses é pensada na dependência do *recalcamento*, e este pode incidir em todos os outros componentes da sexualidade infantil. O que interessa ao diagnóstico é o mecanismo etiológico (ou seja, o recalque) e o retorno, sintomático, dos desejos recalcados devido ao fracasso parcial do recalque, e não o *conteúdo* recalcado. Quanto a esse conteúdo, não está hierarquizado, nem os diferentes desejos sexuais infantis são colocados na dependência dos objetos incestuosos. Desse modo, o complexo de Édipo não só ainda não tem nome[6], como também não é a única causa das neuroses. Todos os desejos sexuais infantis, entre eles os incestuosos, podem levar ao desencadeamento de uma neurose, *se forem recalcados* e retornarem deformados como sintomas dessa sufocação malsucedida.

É em relação ao recalcamento que a neurose é definida, no primeiro ensaio, como o "negativo da perversão" (Freud, 1905b, p. 150).

Na *normalidade* também estaria em jogo um recalque parcial dos componentes das disposições sexuais e sua subordinação ao primado dos genitais.

Na perversão, essa síntese seria perturbada pelo desenvolvimento hiperpotente de alguma das pulsões parciais,

---

6   Nos "Três ensaios", a denominação figura numa nota de rodapé, datada em 1920. Ver *op. cit*. p. 206, nota 28. Será só a partir de 1910 que aparecerá a expressão "complexo de Édipo", no artigo denominado "Sobre um tipo de escolha especial no homem".

que não se deixa dominar pelo recalque, nem se subordina à zona genital, que deveria ser dominante.

Conclusões

Que é possível extrair dos "Três ensaios" em relação aos primórdios do conceito de complexo de Édipo?

Em princípio, que são sublinhados os desejos incestuosos, enquanto os hostis são desconsiderados. Os primeiros, surgem espontaneamente na primeira infância, como atração pelo progenitor do outro sexo. No caso do menino, Freud descreve uma verdadeira gênese dessa atração (desejo pelo seio, desejo pela mãe, desejo da mãe pelo nenê), mas não o faz para a menina, que deseja, desde o começo, o pai.

Trata-se de um complexo de Édipo considerado *universal*, predicado para todo ser humano. Também é *simples*, *positivo*, determinado constitucionalmente, natural, puramente heterossexual. A postulação da vigência de uma bissexualidade inata não redunda na descrição de um complexo de Édipo negativo. Os desejos homossexuais não entram nem em contradição nem em correspondência com os desejos incestuosos pelo progenitor do sexo oposto. São, neste momento da construção de Freud, outros dos tantos componentes da pulsão sexual da criança perverso-polimorfa.

Finalmente, trata-se de um complexo de Édipo que *pode dar origem a uma neurose* por recalque e retorno do recalcado dos desejos que o constituem como sintomas. Mas não é o "complexo nuclear das neuroses". Tem a mesma potencialidade patológica que os outros desejos sexuais infantis, se insuficientemente recalcados.

Quanto à *masculinidade e feminilidade*, são parcialmente espontâneos, naturais. Na menina, manifesta-se pela escolha de objeto incestuoso que a faz desejar o pai. Também pela sua predisposição maior à passividade, ao recalque, à intensidade de aparecimento dos diques. Porém, está presente um processamento do "devir mulher", em relação à mudança potencial de zona erógena e à passagem de uma virilidade infantil a uma feminilidade adulta. No menino, a preexistência da masculinidade manifesta-se pela escolha de objeto sexual que o liga à mãe (a partir do seio nutrício) e pelo predomínio de uma posição ativa.

Nos "Três ensaios" não existe relação alguma entre o que virá a ser o complexo de Édipo e a determinação da masculinidade ou da feminilidade como modos de subjetivação. Do mesmo modo, e como já foi indicado, esse complexo não é a única causa da potencialidade neurótica.

A problemática edipiana entre *Três ensaios* e *Totem* e *tabu* (Freud, 1913)

O caso Dora, escrito em 1901 e publicado em 1905, insere-se no mesmo conjunto de determinações teóricas que foram explicitadas nos itens anteriores, referidas a "Três ensaios". Em linhas gerais, pode-se sustentar a mesma afirmação para o pequeno Hans (Freud, 1909a), de 1907, e para o Homem dos Ratos (Freud, 1909b), de 1909.

No caso de Hans, aparecem, sem dúvida, novos elementos teóricos que não serão incorporados por Freud ao seu esquema edipiano da época. Com efeito, toda a problemática ligada ao complexo de castração só encontrará esse espaço de generalização teórica a partir de "A organização genital infantil" (Freud, 1923a), de 1923, e de "O naufrágio do complexo de Édipo" (Freud, 1924). Por enquanto, esses novos conceitos caracterizam particularidades do caso do pequeno Hans, e não a teorização mais geral do complexo de Édipo, a ele contemporânea.

Tanto no texto de 1907 como no de 1909, o complexo paterno é nitidamente especificado e articulado com a problemática edipiana. Portanto, os sentimentos ambivalentes e a hostilidade dirigida ao pai rival têm nesses textos um lugar de protagonista que não existe nos "Três ensaios" e que encontrará máxima expressão em *Totem e tabu*.

Em relação a "Teorias sexuais infantis" (Freud, 1908), observe-se que esse texto é, em boa parte, subsidiário de Hans. Ambos serão retomados quando se faça referência a "Organização genital infantil".

Os artigos "O romance familiar do neurótico" (Freud, 1908), "Sobre um tipo especial de escolha de objeto no homem" (Freud, 1910) e "Sobre uma degradação geral da vida erótica no homem" (Freud, 1910) também se incluem no marco edipiano já explicitado. É no segundo texto que aparece, pela primeira vez, a expressão "complexo de Édipo".

Finalmente, Leonardo (Freud, 1910) inclui a elaboração de novos conceitos, como os de narcisismo, sublimação, identificação. Este último refere-se, no texto freudiano, à problemática edipiana. Com efeito, é a fixação dos desejos de Leonardo na mãe o que determina que não consiga abandoná-la como objeto de desejo. Em vez disso, identifica-se com ela e passa a procurar objetos sexuais que o representem e aos quais possa amar como ela o amou. Ocorre aqui a primeira menção à possibilidade de que a feminilidade (ou, eventualmente, a masculinidade), como modo de subjetivação, seja decidida por um caminho exclusivamente *psíquico*: via da identificação. Porém, também aqui – como em Hans, com o complexo de castração – será necessário esperar até *O ego e o id* (Freud, 1923b) para que as identificações encontrem uma função específica no interior do complexo de Édipo.

Considerando agora *esses textos em conjunto*, pode-se observar que neles se efetua um deslizamento do eixo teórico, de modo tal que os desejos incestuosos, edipianos, se impõem ao conjunto dos outros desejos perverso-polimorfos, autoeróticos ou não. Em especial nos casos clínicos, esses outros desejos acabam por organizar-se, para dar expressão à problemática edipiana. Assim acontece com a oralidade e a falicidade em Dora, a falicidade em Hans, a analidade no Homem dos Ratos, a pulsão de investigação em Leonardo. Efetua-se nos casos clínicos um deslocamento teórico que acaba levando para um lugar central, a consideração do complexo de Édipo como causa das neuroses.

Totem e tabu

Totem e tabu, escrito e publicado entre 1911 e 1913, é uma tentativa de "aplicar pontos de vista e conclusões da psicanálise a problemas ainda não resolvidos da psicologia dos povos" (Freud, 1913). A incursão freudiana no campo da antropologia suscitou críticas, entre outras causas, pelo evolucionismo explícito de suas hipóteses, pelo etnocentrismo cultural de suas afirmações, pela importância que deu ao totemismo[7].

No campo da psicanálise, coloca-se em oposição a Jung que, inversamente a Freud, "esforça-se por lidar com problemas

---

7 Levi-Strauss, C. *Las estructuras elementares de parentesco*. Buenos Aires: Paidos, 1981; *El totemismo en la actualidad*. México: Fondo de Cultura Económica, 1971. Veja-se também: Roudinesco, E.; Plon. *Dicionário de psicanálise*. Rio de Janeiro: Jorge Zahar, 1998, pp. 756-760.

da psicologia individual recorrendo ao material da psicologia dos povos" (Freud, 1913, p. 7).

Em *Totem e tabu*, Freud constrói um mito de origem, aventando a hipótese de se tratar de um fato histórico: o parricídio. Se esse fato tivesse acontecido, se sua lembrança tivesse sido herdada e seus efeitos (a ética, a moral, a religião) se mantivessem vivos e presentes através das gerações, seria, então, possível falar de uma gênese da cultura, deixando de lado hipóteses ligadas a fatores orgânicos, como aqueles que foram mencionados ao tratar dos diques da sexualidade[8].

Freud começa o texto descrevendo *o horror ao incesto* em povos australianos de nível cultural e histórico tão primitivos que são nômades, não constroem casas nem cultivam a terra, não domesticam animais nem conhecem a olaria. Mesmo assim, surpreendentemente, "impõem um alto grau de restrições a suas pulsões sexuais" (Freud, 1913, p. 12), evitando relações sexuais incestuosas e castigando, com a morte, os transgressores. Estão organizados segundo um sistema totêmico. O *totem* é um animal comestível, considerado antepassado da tribo e que a protege. Cada tribo se divide em clãs, cada um dos quais é denominado segundo seu totem. O sistema inclui duas proibições básicas ou *tabus*: não matar nem comer o animal totêmico; não manter relações sexuais com membros do mesmo clã (exogamia). Freud afirma que não se compreende *como* nem *por quê* essas proibições estão presentes no sistema.

---

8 A esse respeito, no entanto, é interessante lembrar a crítica de C. Levi-Strauss: "Era necessário ver que os fenômenos que colocavam em jogo a estrutura mais fundamental do espírito humano não puderam aparecer de uma só vez e para sempre: repetem-se por inteiro no seio de cada consciência e a explicação que lhes corresponde pertence a uma ordem que transcende ao mesmo tempo as sucessões históricas e as correlações do presente", em *Las estructuras elementares de parentesco*. Buenos Aires: Paidós, 1981, p. 568.

Os cuidados em relação à proibição do incesto, dentro de cada grupo, são multiplicados por uma série de medidas restritivas, costumes que limitam muito a vida e a liberdade dos parentes. Assim, ao filho homem é impedido todo contato com sua mãe e irmãs, a partir de certa idade. O mesmo acontece com a filha e o pai, os concunhados, o genro e a sogra etc. De todo esse conjunto rigidamente normativo, Freud conclui que os primitivos, mais do que respeitar a proibição do incesto, têm verdadeiro horror a ele. Compara o que acontece com eles com o que ocorre com o neurótico, que não consegue se liberar dos desejos incestuosos conservados da infância e sente o mesmo horror. "Por isso temos chegado a proclamar como o complexo nuclear da neurose o vínculo com os pais, governado por desejos incestuosos" (Freud, 1913, p. 26).

Freud continua questionando-se sobre as proibições totêmicas e as compara com as que aparecem na *neurose obsessiva*, à que chama de "doença do tabu". Considera possível, dada a concordância entre a formação social e a neurose, estabelecer uma relação causal: se na obsessão, o conflito entre proibição e desejo continua ativo, ainda depois que a primeira conseguiu desalojar o segundo para o inconsciente, o mesmo deve acontecer com os tabus: aquilo que eles proíbem deve ser ainda intensamente desejado. Ninguém precisaria proibir algo que não fosse almejado. Resultado: a morte do animal totêmico e o incesto são desejos inconscientes dos primitivos que, horrorizados, se defendem, com tabus. Freud disse: "[...] se recordará, dado o texto desses dois tabus e sua conjunção, algo muito determinado, que os psicanalistas proclamam como o ponto nodal dos desejos infantis e, também, como o núcleo das neuroses" (Freud, 1913, p. 39). Freud estabelece ainda a relação entre o tabu do primitivo e a nossa consciência moral, sendo que o primeiro seria a forma mais arcaica da segunda. Se isso é assim, considera provável que a consciência moral atual apareça também a partir de um conflito entre proibição e desejo, em que este último seria recalcado pela primeira. Nova origem para a consciência moral, totalmente psíquica e muito afastada daquela que, nos "Três ensaios", se construía a partir dos "diques" e da "barreira" contra o incesto.

Depois desse início de elucidação a respeito da natureza dos tabus, Freud se pergunta pela significação do totem. Assim como para os primeiros recorre à neurose obsessiva, para esse último, utiliza a analogia com as *zoofobias* infantis, que denomina de "totemismo negativo". Convoca Hans e Arpad (criança analisada por Ferenczi) para demonstrar que o animal objeto da fobia representa o pai. Este é, por um lado, amado e admirado, e por outro, odiado e temido, no contexto da rivalidade edipiana. Há o desejo de eliminá-lo. Os impulsos hostis são recalcados e deslocados para o animal, que passa, então, a ser objeto de um terror fóbico, de origem desconhecida para o sujeito. Continuando a analogia entre neurose e formação social, Freud deduz que é possível substituir, na fórmula do totemismo, o animal objeto de culto pelo pai. Então, ele conclui:

> Se o animal totêmico é o pai, os dois principais mandamentos do totemismo, os dois preceitos tabus que constituem seu núcleo, o de não matar o totem e o de não usar sexualmente nenhuma mulher que pertença a ele, coincidem, pelo seu conteúdo, com os dois crimes de Édipo [...] e com os dois desejos primordiais da criança [...] que constituem o núcleo de todas as neuroses. (Freud, 1913, p. 134)

Partindo dessa dedução, a de que o animal totêmico é o pai, Freud constrói uma hipótese para explicar a gênese do totemismo. Supõe um estado primeiro de organização do grupo humano, a horda. Um macho poderoso protege suas mulheres e suas crias que lhe prestam obediência. Quando os filhos homens crescem e se transformam em competidores que desafiam o pai e querem ficar com as mulheres, são expulsos por ele e, às vezes, mortos ou castrados. Freud supõe que, um dia, os irmãos unem-se para lutar contra o pai despótico e matam-no, animados pelo desejo de se libertar dele e de conquistar seu poder e suas mulheres. Eles se transformam agora no pai odiado e também no pai admirado, já que o devoram, identificando-se com ele, consubstanciados com sua carne e com seu sangue. Ao parricídio segue-se a festa, que admite todos os excessos. Mas uma vez satisfeito o ódio, sentem falta do pai, de sua proteção e cuidados. Na horda fraterna órfã aparece o remorso, a culpa, o arrependimento pelo crime cometido. "O morto se transformou em alguém ainda mais forte do que fora em vida" (Freud, 1913, p. 145). Reagem, então, com uma obediência de efeito retardado e proíbem a si mesmos, o que o pai impedia em vida: gozar das mulheres. Erigem o totem no lugar do pai e declaram proibida a morte de seu substituto. "Assim, a partir da consciência de culpa do filho homem, eles criam os dois tabus fundamentais do totemismo que [...] coincidem com os dois desejos recalcados do complexo de Édipo" (Freud, 1913, p. 145). Esses dois tabus constituem a base para uma primeira ética humana, no plano da cultura e para o surgimento da *consciência moral*, no plano do sujeito. O totemismo é também uma primeira *religião*, e o clã fraterno um primeiro modo de *organização social*.

Esse, então, seria o mito que estaria na base da gênese da cultura humana. Algum tipo de herança mantê-lo-ia vivo e atuante ao longo das gerações. Essa hipótese freudiana tem sido muito criticada como já se indicou na nota 7 e no fragmento transcrito na nota 8.

Quanto ao *complexo de Édipo*, ele aparece agora entronizado não só como núcleo das neuroses mas, e muito especialmente, no centro e na origem da cultura.

Freud recolhe, na construção do mito, todo o trabalho clínico e teórico realizado com as neuroses, muito especialmente a elucidação do complexo paterno, tal como aparece em Hans, no Homem dos Ratos, e em Leonardo da Vinci. Observe-se que a referência é ao conflito que opõe um homem a seu pai, na rivalidade pelo objeto feminino, objeto esse que ocupa um segundo plano tão estrito, que fica reduzido ao papel de mero espectador da luta travada. De fato, no mito freudiano, a cultura é uma construção masculina.

Totem e tabu parece ser uma das mais acabadas descrições que, em toda sua obra, Freud realiza de seus pontos de vista sobre o complexo de Édipo no homem. Será no *O ego e o id* que realizará sua síntese mais brilhante, mas os conceitos já estão quase todos aqui, inclusive os de identificação edipiana (prenunciada pela festa do parricídio canibal) e superego (a obediência de efeito retardado, os tabus, a consciência moral, a ética). Muitos elementos de enorme riqueza, como as várias versões do pai (primeiro admirado e protetor, depois rival odiado, depois assassinado, mais tarde morto e ainda mais poderoso, finalmente propiciatório e conciliador), não serão retomados por Freud, e só Lacan elaborará sua significação.

Em outro plano, apesar de todas as críticas que podem ser feitas à hipótese de transmissão hereditária da problemática edipiana, esta tem pelo menos uma qualidade: deixa muito claro que não se trata, na concepção freudiana, de uma experiência individual que fica ao sabor das aventuras do sujeito. O complexo de Édipo é um destino incontorná-vel. Caberá aos herdeiros de Freud fundamentar melhor sua intuição.

Finalmente, do complexo de Édipo tal como aparece em *Totem e tabu* não derivam modos de subjetivação sexuados. Em troca, o que ali se delineia, é o sujeito tributário de uma cultura e o preço, em "moeda neurótica", que paga por isso.

Síntese de um primeiro modelo de complexo de Édipo

Sintetizando brevemente, pode-se dizer que, entre a *Carta 69* e *Totem e tabu*, se desenha o que cabe denominar *complexo de Édipo simples*, ou seja, puramente positivo ou heterossexual. Os desejos incestuosos que o animam pro-vêm da infância, originam-se naturalmente e são universais.

Existe uma completa analogia entre homens e mulheres quanto à gênese e evolução desse complexo. Ele é, também, o núcleo etiológico da normalidade e da neurose. A cultura se organiza às suas expensas.

A problemática edipiana entre *Totem e tabu* e *O ego e o id*

Aqui se incluem importantes trabalhos que, direta ou indiretamente, contribuem para a nova caracterização do complexo de Édipo desenvolvida por Freud em *O ego e o id*. Nesse grande intervalo de quase dez anos que medeia *Totem e tabu* e o texto de 1923, muitas descobertas teóricas novas são trabalhadas. Elas serão as fontes que alimentarão a possibilidade de propor um complexo de Édipo composto, ou seja, ao mesmo tempo positivo (ou heterossexual) e negativo (ou homossexual), sustentado a partir de posições identificatórias femininas e masculinas. As diversas possibilidades de liquidação do complexo (neuróticas ou perversas), tal como aparecem em *O ego e o id*, também encontram suas raízes nos artigos abaixo analisados.

"Introdução ao narcisismo" (Freud, 1914)

A "Introdução ao narcisismo" assinala uma reviravolta na teoria pulsional. A oposição entre pulsões do eu (ou de autoconservação) e pulsões sexuais fica menos nítida com o aditamento das pulsões sexuais que tomam o eu como objeto. A libido de objeto complementa-se agora com uma libido do eu, ou libido narcisista: "Assim formamos a imagem de um originário investimento libidinal do eu cedido depois aos objetos [...]" (Freud, 1914, p. 73).

Quais são os objetos que recebem esses investimentos? Freud explicita-o no segundo capítulo, quando se ocupa da vida amorosa dos sexos[9]. Aí define dois tipos de escolha de objeto:

Por apoio, ou anaclítica

As pulsões sexuais apoiam-se nos primeiros tempos da vida, na satisfação das pulsões de autoconservação e, quando ganham independência delas, conservam suas metas e objetos. Portanto, as pessoas que nutrem e protegem o infante constituirão, pela via do apoio, seus primeiros objetos

---

9 O estudo dessa vida amorosa será proposto, junto com o da doença orgânica e o da hipocondria, como vias de acesso para o conhecimento do narcisismo.

sexuais. Habitualmente, são os pais (a mãe que nutre e o pai protetor) ou seus substitutos que se tornarão os objetos incestuosos a serem encontrados no complexo de Édipo. Note-se que aqui ocorre uma importante mudança teórica: a origem dos desejos pelos pais já não é a natureza, ou a constituição presente desde o começo. Existe uma história desses desejos incestuosos, definida a partir do apoio. Essa novidade será incluída mais tarde, por Freud, na teorização do complexo de Édipo, no capítulo terceiro de *O ego e o id* (Freud, 1923b) a ser trabalhado oportunamente.

Narcisista

O objeto não é escolhido segundo o modelo da mãe que nutre ou do pai protetor, mas segundo o da própria pessoa.

Apesar da distinção desses dois tipos (por apoio ou narcisista), todo sujeito tem a possibilidade de escolher seus objetos, segundo ambos os tipos. A partir da definição das duas modalidades de escolha de objeto, Freud compara homens e mulheres com relação a essa característica. Conclui que o amor de objeto segundo o tipo de apoio é tipicamente masculino; já o narcisista, feminino. Desse modo, os primeiros amam, enquanto elas se deixam amar. Freud não justifica teoricamente essas considerações. O que afirma é que "estas conformações em direções diversas respondem à diferenciação de funções no interior de uma relação biológica complexa" (Freud, 1923b, p. 86). Em obras mais tardias, como por exemplo na Conferência 33 das *Novas conferências de introdução à psicanálise* (Freud, 1933), dará conta com profundidade do narcisismo feminino. Trabalhar-se-á esse artigo em páginas posteriores.

Outro ponto a destacar do capítulo 2 de "Introdução ao narcisismo" refere-se à posição que os pais constroem para seu filho: *"His majesty the baby"* (Freud, 1923b, p. 88) não conhecerá limites nem renúncias. Esse lugar de máximo narcisismo (projetado pelos progenitores no nenê), com o qual o infante se identifica, exigirá árduos combates antes de ser (parcialmente) abandonado. Tal tarefa atingirá seu ponto mais intenso na elaboração da renúncia edipiana.

O sujeito construirá uma nova instância psíquica: o ideal do eu, último refúgio do narcisismo perdido. O conceito de ideal do eu será parcialmente modificado e completado em vários dos artigos que serão trabalhados a continuação e remodelado em *O ego e o id*, no qual será retomado.

"Luto e melancolia" (Freud, 1917a)

Existem dois motivos para incluir este texto no presente capítulo.

O primeiro tem como base uma inferência, e não uma menção explícita de Freud, a respeito do complexo de Édipo, nesse artigo. Não se pode perder de vista que no abandono desse complexo está em jogo um luto, talvez inaugural. Trata-se da perda dos primeiros e mais importantes objetos da libido: os pais. Processa-se uma renúncia aos desejos sexuais ligados a eles, não por morte, mas por injunção cultural encarnada no próprio seio da família. Tratar-se-ia de uma espécie de "luto edipiano".

O segundo motivo segue o texto bem de perto. Em "Luto e melancolia" desenvolve-se um conceito que será crucial para a teorização do complexo de Édipo tal como será elaborada futuramente em O ego e o id. Trata-se do conceito de identificação que já fizera suas primeiras aparições no "Manuscrito M" (Freud, 1895a), em "A interpretação dos sonhos" (Freud, 1900), em "Uma lembrança infantil de Leonardo da Vinci" (Freud, 1910), em "Totem e tabu", numa adição da edição de 1915 dos "Três ensaios para uma teoria da sexualidade" e na história clínica do "Homem dos Lobos" (Freud, 1918a), publicada depois de "Luto e melancolia", mas redigida em 1914. No entanto, é no presente artigo que o conceito é elaborado profunda e extensamente, e a partir dali incorpora-se de pleno direito à teoria psicanalítica.

Citando Freud:

> Houve uma escolha de objeto, uma ligadura da libido a uma pessoa determinada; devido a uma afronta real ou a uma desilusão, o vínculo com o objeto foi sacudido. O resultado não foi o normal que teria sido o abandono da libido desse objeto e seu deslocamento para um outro novo. Pelo contrário, o investimento do objeto resultou pouco resistente e foi cancelado, mas a libido livre não se deslocou para outro objeto: retirou-se para o eu. Aí [...] serviu para estabelecer uma identificação do eu com o objeto perdido. A sombra do objeto caiu sobre o eu [...]. (Freud, 1917a, p. 246)

Está em jogo aqui uma regressão, da fase da eleição de objeto até outra narcisista, prévia: o primeiro modo de relação com o objeto, em que o eu o incorpora, incorporação que expressa as metas da fase oral ou canibal da libido.

A identificação (melancólica) trabalhada nesse texto descreve uma grave patologia. Não será dessa forma que será utilizada em O ego e o id mas seu sentido geral, qual seja, o poder de transformação que o outro possui em relação ao sujeito, será resgatado, notadamente nas identificações (normais) formadoras tanto do caráter do eu quanto do seu superego, quando os objetos edipianos são abandonados e incorporados.

"Um caso de paranóia contrário à teoria psicanalítica" (Freud, 1915)

Não se trata de analisar extensamente este artigo no trabalho aqui apresentado. Com efeito, ele se ajusta com bastante coerência e poder ilustrativo aos textos tardios, relativos ao complexo de Édipo, em que Freud aprofunda o tema da ligação pré-edipiana exclusiva da menina com a mãe[10]. Se parece interessante mencioná-lo agora é porque faz parte de todo um movimento, especialmente marcado pelas hipóteses sobre Schreber e pela análise do "Homem dos Lobos", em que Freud ocupa-se do complexo de Édipo negativo, invertido ou homossexual. Com efeito, nas hipóteses etiológicas que Freud aventura no caso da jovem paranoica, os desejos incestuosos da moça em relação à mãe e substitutas ocupam o primeiro plano. Essa escolha de objeto homossexual, de origem narcisista, da qual o sujeito se defende desenvolvendo uma paranoia – como no caso Schreber – é considerada base de uma grave patologia. Pouco mais de dez anos depois, a escolha da mãe como primeiro objeto sexual por parte da menina será considerada normal na primeira infância e ponto de partida para a feminilidade.

"Os que fracassam quando triunfam" (Freud, 1916a)

Esse artigo não introduz modificações no modelo de complexo de Édipo simples e positivo, mas coloca em primeiro plano (ilustrando com análises de personagens

---

[10] Especialmente em "A sexualidade feminina" e "A feminilidade", de 1931 e 1933, respectivamente.

literários) a consciência de culpa advinda dos desejos incestuosos recalcados e a necessidade de encontrar um cruel castigo quando algum importante triunfo (amoroso, profissional etc.) acaba ganhando o sentido de uma realização dos desejos edipianos proibidos. Transforma-se, assim, num interessante antecedente à problemática do superego que aparecerá mais tarde.

"Os delinquentes por sentimento de culpa" (Freud, 1916b)

À semelhança do texto anterior, o sentimento de culpa, como reação aos desejos parricidas e incestuosos recalcados, é o tema central aqui tratado. A consciência de culpa, originada nesses desejos, e a busca de punição para aliviar-se levam o sujeito a cometer delitos para assim provocar o castigo. O sentimento de culpa antecede o delito e está na sua origem, é sua causa. O crime é cometido para assegurar-se da punição.

"Conferências de introdução à psicanálise" (Freud,1916c)

Na Conferência 21, Freud apresenta uma extensa síntese da problemática edipiana, sem que haja aqui novidades. Retoma o que já foi exposto: os desejos incestuosos, sua nova base no apoio, os desejos hostis, a consciência de culpa por tais desejos, um complexo de Édipo positivo, simples, heterossexual, o paralelismo entre evolução edipiana do menino e da menina, a tarefa da puberdade no desligamento dos desejos referidos aos pais etc.

"Da história de uma neurose infantil"
(Freud, 1918a)

Foi difícil decidir se a inclusão deste texto seria feita de acordo com a data de publicação (1918) ou de sua redação quase completa (1914). Escolheu-se a primeira opção porque, quanto ao tema deste capítulo, os reflexos do artigo de Freud aparecem a partir de sua publicação. Como assinala Strachey (Freud, 1918a, pp. 3-7) na sua introdução à história clínica, muitas novidades irradiaram dele e influenciaram os textos contemporâneos a sua redação e ao andamento da análise (1910-14). Assim, as cenas e fantasias primordiais (na Conferência 23 de "Introdução à psicanálise"), a oralidade como fase da libido (na edição de 1915 dos "Três ensaios"), a analidade e as equivalências simbólicas inconscientes ("Sobre as transposições das pulsões e especialmente do erotismo anal", Freud, 1917b), a problemática ligada ao complexo de castração, a incorporação e seu importante nexo com a identificação (em *Totem e tabu* e em "Luto e melancolia"), a formação do ideal do eu, o sentimento de culpa, a depressão (em "Introdução ao narcisismo" e em "Luto e melancolia") etc.

Quanto ao tema que está sendo elaborado, cabe assinalar a análise do complexo de Édipo negativo, invertido ou homossexual do paciente, que tem um efeito marcante nos textos contemporâneos e ulteriores. Para perceber a importância dessa novidade, deve-se sublinhar que os artigos analisados na primeira parte deste capítulo tratavam exclusivamente do complexo positivo heterossexual. A exceção é o caso Schreber, de 1911, no qual Freud não fala de Édipo, mas reconstrói o complexo paterno em posição passiva, feminina, como aquilo que está na base dos sintomas que analisa. Já no presente texto (assim como em "Uma criança é espancada", Freud, 1919, "O 'estranho'", artículo de 1919 etc.) é o complexo de Édipo negativo que adquire valor etiológico e teórico dominante. Será recolhido em O *ego e o id* como aspecto parcial do complexo de Édipo completo, ao mesmo tempo positivo e negativo, normal. A análise da posição homossexual do Homem dos Lobos, caracterizada pela presença do desejo passivo de ser possuído pelo pai, é extensa e complexa; dada a importância do tema é necessário fazer um breve percurso pela história clínica do paciente, tal como Freud a trabalha.

Desde um ponto de vista cronológico, cabe assinalar em primeiro lugar a observação (ou fantasia), por parte do paciente, da cena primária de coito entre os pais. Esta cena, acontecida ou fantasiada quando o paciente tinha um ano e meio de idade, deixa um resíduo permanente nele. Pode-se inferir, a partir do material clínico, que o paciente se coloca subjetivamente frente a essa cena em duas posições coexistentes: uma masculina, na qual se identifica com o pai ativo, e outra feminina, passiva, em que a identificação é materna. Um ano mais tarde, tenta seduzir a sua primeira babá, Grusha, como um homenzinho. Recebe uma ameaça de castração que não provoca efeitos na ocasião. Quase um ano mais tarde, ele é seduzido por sua irmã mais velha e a situação propicia uma meta sexual passiva, oposta àquela que havia expressado com Grusha. Assim provoca a uma segunda babá, para que esta aja do mesmo modo que sua irmã. Recebe outra ameaça de castração que, desta vez, tem efeitos: ele foge da fase genital perigosa por meio de uma regressão para, inicialmente, a fase sádico-anal e, depois, para o masoquismo passivo. Vai transformar-se num menino revoltado que continuamente provoca o pai. Está à procura de receber um castigo dele, cuja significação é a de uma satisfação masoquista. É o pai agora (e não Grusha, representante da mãe) seu principal objeto incestuoso. Retoma a posição feminina da cena primária. Com quatro anos, surge o sonho dos lobos, animado pelo desejo de ser "comido" pelo pai-lobo. Mas é também no entrelaçamento do sonho que a cena primária é ressignificada, retroativamente, e sedimenta uma angustiante evidência: para cumprir seu desejo, deverá aceitar a castração, como sua mãe. A angústia precipita o recalque, e seus desejos incestuosos passivos em relação ao pai são relegados ao inconsciente. Como retorno do sufocado, a histeria de angústia (fobia dos lobos), a histeria de conversão (sintomas intestinais) e, mais tarde, a neurose obsessiva (que alimenta uma religiosidade contraditória) marcarão a infância do paciente. Trata-se dos retornos sintomáticos dos desejos recalcados femininos em relação ao pai. Paralelamente, a corrente ativa e masculina, livre do recalque patológico, predomina a partir da adolescência. Essa corrente, marcada pela cena primária na identificação viril com o pai e pela tentativa de seduzir Grusha-mãe, vai caracterizar-se pela escolha de objetos femininos degradados (como a babá em relação à mãe). Moças do serviço doméstico e camponesas provocarão nele intensas e passageiras paixões.

Se agora se retorna ao tema, nota-se que aqui se desenha um complexo de Édipo duplicado. Com efeito, o Homem dos Lobos constitui-se simultaneamente em uma posição masculina (deseja a mãe e rivaliza com o pai) e em outra feminina (deseja o pai e rivaliza com a mãe). A angústia de castração tem papel fundamental no recalque do complexo de Édipo negativo. Em Hans, ao contrário, como se verá mais adiante neste capítulo, essa angústia trabalha no recalcamento do complexo de Édipo positivo.

Para Freud, em ambos os casos, trata-se de particularidades dos pacientes, e não de uma regra geral. O autor não cogita, nessa época, que a angústia de castração atue sempre no recalque do complexo de Édipo. Assim, num fragmento de "Introdução ao narcisismo", contemporâneo à redação do caso do Homem dos Lobos, Freud diz:

> Julgo totalmente impossível colocar a gênese das neuroses sobre a estreita base do complexo de castração, mesmo que seja muito importante a força com que aflora em certos homens entre as resistências à cura da neurose. Finalmente, conheço também casos de neuroses nos quais o "protesto masculino" [ou seja, em nossa doutrina, o complexo de castração] não desempenha papel patogênico algum ou sequer aparece. (Freud, 1914)

Será necessário esperar alguns anos para que a angústia de castração adquira valor central em referência ao complexo de Édipo[11]. Mesmo assim, no caso do Homem dos Lobos é atribuído um alto grau de generalidade à fantasia de castração, considerada como filogeneticamente determinada.

De outro ponto de vista, é interessante notar que as posições masculina e feminina são definidas a partir de identificações iniciais com os progenitores, e que essas identificações estão na origem de toda a evolução sexual. Isso significa que já não se nasce homem ou mulher: adotam-se esses lugares identificatoriamente. Ambas as posições sexuais

---

11 Em relação a esse tema, veja-se mais adiante o que comentamos sobre "A organização genital infantil", "O naufrágio do complexo de Édipo" e "Algumas consequências psíquicas das diferenças sexuais anatômicas".

podem coexistir no mesmo sujeito. Freud afasta-se da definição inicial de uma "Natureza" ou de uma constituição natural supostamente feminina ou masculina. Junto com isso, retorna à antiga hipótese, muito constante na correspondência com Fliess, de uma bissexualidade inerente ao ser humano desde o nascimento.

Finalmente, assim como acontecia em *Totem e tabu*, também no Homem dos Lobos, o complexo de Édipo não é uma aventura individual, decidida pelo acaso da experiência. Freud afirma aqui a existência de esquemas congênitos, herdados filogeneticamente:

> O complexo de Édipo, que inclui o vínculo da criança com seus progenitores, está entre eles [os esquemas congênitos]. É, na verdade, o exemplo mais conhecido desta classe [...] Com frequência, podemos observar que o esquema triunfa sobre as vivências individuais. (Freud, 1918a, pp. 108-109)

"Uma criança é espancada" (Freud, 1919)

Neste texto expande-se o alcance do valor etiológico do complexo de Édipo: ele é o complexo nuclear das neuroses, mas também o das perversões.

Freud ocupa-se aqui de fantasias, surgidas na clínica, nas quais uma criança é espancada. Tais fantasias provocam excitação sexual e levam à procura de prazer masturbatório. Essa produção psíquica é caracterizada como perversa (fundamentalmente masoquista), ou seja, efeito da fixação de um dos componentes parciais da sexualidade infantil que se tornou autônomo prematuramente.

No texto, diferentes desenvolvimentos são discriminados para as fantasias femininas e masculinas.

Na menina, poder-se-iam assinalar três fases fantasmáticas sucessivas. Na primeira, aparece um cenário no qual o pai bate numa criança da qual a menina tem ciúmes. A escolha de objeto incestuoso (pai) está no primeiro plano. O menino espancado é o rival no amor, e o desejo realizado é sádico. Num segundo momento, os desejos incestuosos são recalcados. Pode produzir-se uma regressão da organização genital para a fase anal, masoquista. Muda o objeto que recebe o castigo, e a fantasia passa a ser: "Meu pai me bate". Essa posição tem o sentido de uma satisfação sexual masoquista, mas conserva o objeto incestuoso. Por isso é recalcada e seu conteúdo, novamente desfigurado. Assim, a terceira fase da fantasia é: "Meninos são espancados por um adulto". O pai desapareceu e a menina também. Mas a excitação sexual permanece, ligada à nova fantasia, agora consciente.

No menino, a fantasia sexual, consciente e carregada de excitação sexual (equivalente, portanto, à terceira fase da menina), é que ele é surrado por uma mulher. Tal fantasia tem um estágio prévio, que permanece inconsciente: é a de ele ser espancado pelo pai. Trata-se da encenação do desejo de ser amado, segundo uma modalidade genital, pelo pai, desejo degradado ao masoquismo anal pela regressão. Trata-se, portanto, de uma fantasia passiva que tem sua origem na atitude feminina perante o pai e corresponde ao complexo de Édipo negativo ou invertido.

Freud conclui:

A perversão já não se encontra isolada na vida sexual da criança. [...] É referida ao amor incestuoso de objeto, ao complexo de Édipo dos pequenos; aparece primeiro sobre o terreno desse complexo e depois que o complexo sucumbiu permanece [...] como efeito dele, como herdeira de sua libido e punida com a consciência de culpa que a ele está aderida. (Freud, 1919, p. 189).

E acrescenta: "a fantasia de apanhar e outras fixações perversas análogas seriam somente precipitados do complexo de Édipo, cicatrizes por assim dizer, que o processo deixa depois de expirar [...]" (Freud, 1919, p. 190).

Pode-se concluir que:

- o campo etiológico do complexo de Édipo se alarga para incluir, ao lado das neuroses, também as perversões;

- aqui também, como no Homem dos Lobos, aparece o complexo de Édipo negativo. Novamente, ele está referido somente aos meninos. Apesar de o tema já se fazer presente no caso das meninas (como foi assinalado ao comentar "Um caso de paranóia que é contraditório com a teoria psicanalítica"), não é retomado no texto que acaba de ser analisado;

- finalmente, não deixa de ser interessante considerar que esse é um dos poucos artigos prévios a "Algumas consequências psíquicas das diferenças sexuais anatômicas" em que não se estabelece analogia e paralelo entre meninas e meninos.

"Além do princípio do prazer" (Freud, 1920a)

Neste texto, em que Freud vai fundamentar a nova teoria que opõe as pulsões de vida às pulsões de morte, o complexo de Édipo ganha nova significação. De fato, quando Freud se ocupa dos fenômenos da compulsão à repetição, refere-se à repetição na transferência. O conteúdo dessa repetição é uma parte da vida sexual infantil, regida pelo complexo de Édipo, que agora reaparece no campo transferencial:

> O primeiro florescimento da vida sexual infantil estava destinado a ser sepultado. [...] Esse florescimento naufragou por causa das mais penosas ocasiões e no meio de situações profundamente dolorosas. [...] O vínculo amoroso, estabelecido quase sempre com o progenitor do sexo oposto, levou ao desengano, aos ciúmes que provocou o nascimento de um irmão, prova da infidelidade do amado ou amada. [...] Os neuróticos repetem na transferência todas essas ocasiões indesejadas e estas situações afetivas dolorosas, reanimando-as com grande habilidade. (Freud, 1920a, pp. 20 e 21)

"Psicologia das massas e análise do eu" (Freud, 1921)

Considera-se pertinente para o tema examinado, o capítulo VII da obra, intitulado "A identificação". No contexto da descrição das diferentes modalidades da identificação, Freud refere-se novamente ao complexo de Édipo simples, agora levando em consideração (como no texto sobre o Homem dos Lobos) o fenômeno psíquico da identificação. Já se tratou desse conceito e da bibliografia prévia quando se fez referência a "Luto e melancolia". Ali, tratava-se dela como fenômeno patológico. Em "Psicologia das massas...", será exaustivamente considerada tanto em suas vertentes normais quanto naquelas de valor etiológico para as neuroses, perversões e psicoses.

Freud começa o capítulo citado tratando da identificação como a primeira modalidade, oral, incorporadora, de ligação afetiva com o outro. O menino admira o pai, faz dele seu ideal, quer *ser* como ele; paralelamente, faz uma escolha de objeto em apoio da mãe: quer *ter* a mãe como seu objeto libidinal. Mais tarde, ambos os vínculos entram em conflito: a criança descobre que o pai é um empecilho na relação com a mãe, e a identificação com ele assume um tom hostil: quer eliminá-lo e ocupar seu lugar. Ingressa assim no complexo de Édipo. O mesmo acontece com a menina, com os objetos opostos. Também pode ocorrer que o complexo de Édipo do menino experimente uma inversão e, da identificação precursora com o pai, avance para uma escolha de objeto em atitude feminina, homossexual. No lugar de querer *ser* o pai, agora quer *ter* o pai.

Freud ocupa-se do complexo também quando descreve o papel da identificação presente na construção de determinados sintomas. Assim, a histérica estabelece identificatoriamente um sintoma semelhante ao de sua mãe, como expressão do desejo hostil de substituir sua rival junto ao pai. Mas o sintoma também pode ser constituído às expensas daquele do pai: aqui, a escolha de objeto regride à identificação.

O complexo de Édipo também está presente na identificação no homossexual, tal como aparecia no estudo sobre Leonardo da Vinci: o menino, edipianamente fixado à mãe, não a abandona diante da interdição do incesto; identifica-se com ela e procura objetos aos quais possa amar como a mãe o amou.

Sintetizando, pode-se dizer que:

- o complexo de Édipo de que Freud trata neste texto, continua a ser simples e positivo, mas as identificações podem dar conta da possibilidade de que tal complexo experimente uma inversão;
- há um paralelismo entre o complexo de Édipo dos meninos e o das meninas;

- o lugar identificatório define as posições masculina ou feminina, tanto no complexo de Édipo direto quanto no invertido;
- Freud aprofunda-se nas relações entre identificação, complexo de Édipo e manifestação sintomática, seja esta neurótica, seja perversa.

"Sobre a psicogênese de um caso de homossexualidade feminina" (Freud, 1920b)

Este texto (assim como "Um caso de paranóia contrário à teoria psicanalítica") é uma excelente ilustração dos pontos de vista freudianos referentes à fase de ligação pré-edipiana exclusiva da menina com a mãe, de que se tratará mais adiante. Freud se ocupará mais detidamente dessa fase em obras como "A sexualidade feminina", de 1931, mas é bastante possível que muitas das reflexões desenvolvidas neste "Sobre a psicogênese..." tenham servido como base para as teorizações ulteriores.

Segundo Freud, desde muito cedo a libido da paciente fluía em duas correntes: uma ligada ao pai como objeto sexual e a outra fixada na mãe. Paradoxalmente, foram as vicissitudes da primeira que levaram à homossexualidade, reforçando secundariamente os desejos da outra corrente. Com efeito, na adolescência, a jovem parecia estar numa posição feminina, pois mantinha fortes laços afetivos com um bebê vizinho com quem gostava de se fazer de mãe. Expressava assim seu desejo consciente de ter um filho; inconscientemente, porém, esse era um filho que esperava receber do pai. Quem ganhou o presente, no entanto, quando a moça contava com dezesseis anos de idade, foi sua mãe, rival odiada. Ela, perante essa situação, revoltou-se contra o pai, contra o homem em geral e contra seus próprios desejos e posição feminina. Identificou-se com o objeto que assim abandonava (o pai), e transformou-se, então, ela mesma num homem. Nessa posição, passou a desejar exclusivamente sua mãe como objeto e, a partir dela, os substitutivos que marcaram suas paixões homossexuais daí em diante.

Assim, pode-se afirmar que este artigo não trata do complexo de Édipo simples. Pelo contrário, aqui Freud analisa a coincidência e o desenvolvimento paralelos do complexo positivo e do negativo que, ao final, confluem, resultando na posição homossexual da paciente. Além disso, pode-se perceber novamente no texto o íntimo entrelaçamento entre processos de identificação e complexo de Édipo.

A problemática edipiana em O *ego* e o *id* (Freud, 1923b)

Em O *ego e o id*, Freud desenvolve a teorização de sua segunda teoria tópica do aparelho psíquico. Ego (ou eu), superego (ou supereu) e id (ou isso) serão agora as instâncias a serem consideradas na metapsicologia. A antiga divisão em inconsciente, pré-consciente e consciente passa a ter mera função descritiva.

O capítulo III de O *ego e o id* dedica-se quase inteiramente à gênese do superego, como herdeiro do complexo de Édipo. Como se forma a instância superegoica?

Freud inicia o capítulo descrevendo a constelação edipiana no menino: ele está ligado ao pai por uma identificação primária, direta, anterior a qualquer escolha de objeto. Trata-se de uma identificação que, no fundo, é com os progenitores, já que a criança nada sabe ainda sobre a diferença entre os sexos. Ao mesmo tempo Freud sustenta, um pouco enigmaticamente, que se trata do pai da pré-história pessoal. A referência parece ser o protopai, aquele de *Totem e tabu*, poderoso e onipotente. Como se pode notar, a herança filogenética é evocada. De qualquer forma, Freud sintetiza todos esses aspectos como "identificação do menino ao pai". Com relação à mãe, está em jogo uma escolha de objeto em apoio. Ambos os vínculos caminham paralelamente, até que os desejos sexuais pela mãe se intensificam, e a criança percebe que o pai é o obstáculo para esses desejos. A posição agora é edipiana e deverá ser abandonada. Chama a atenção esse imperativo que parece não ter causa alguma e que somente será justificado por Freud em artigos futuros, notadamente em "A dissolução do complexo de Édipo", escrito um ano mais tarde.

De qualquer forma, o que acontece quando essa posição edipiana é abandonada? A criança deve renunciar ao objeto incestuoso "mãe". Portanto, a libido depositada nesse investimento deverá sofrer uma alteração de destino. Para isso, há dois caminhos possíveis. Um é o estabelecimento de uma identificação com a mãe, objeto perdido. Se isso acontecer, o menino ficará colocado em posição feminina e se desenhará uma homossexualidade como a que Freud descreve para Leonardo da Vinci. O outro caminho levará a libido, ligada à mãe, ao encontro da identificação primária com o pai, intensificando-a. Freud considera esse último desenlace como "o mais normal", já que nele a masculinidade receberia reforço no caráter do menino. A curiosa operação é esclarecida pela hipótese que Freud explicita parágrafos adiante:

Discernindo nos progenitores, em particular o pai, o obstáculo para a realização dos desejos edipianos, o eu infantil fortaleceu-se para essa operação de recalque erigindo dentro de si esse obstáculo. Em certa medida toma emprestada do pai a força necessária para consegui-lo [...]. (Freud, 1923b, p. 36)

Tratar-se-ia de construir o "pai proibidor" dentro de si e de fazer isso tanto com a libido antes destinada à mãe quanto com a força de interdição do pai. O resultado seria o reforço, a partir dessa identificação secundária, edipiana, da identificação primária com o pai e também a construção de uma proteção interna permanente contra os desejos incestuosos. Portanto, no caso que Freud considera "o mais normal", a identificação com o pai, reforçada agora, não introduziu no eu o objeto ao qual se renunciou (a mãe). Já no caso do homossexual, o objeto mãe é incorporado ao eu.

Como Freud explica que se produza um ou outro resultado? Ele retoma a hipótese da bissexualidade originária de todo ser humano. A proporção relativa de "masculinidade" ou de "feminilidade" do sujeito precipitará uma ou outra solução. Pode-se acrescentar que também esse resultado dependerá da posição proibidora do pai, de quem o menino "toma emprestada a força" para a renúncia ao objeto incestuoso.

Retomando o tema da bissexualidade, Freud considera que ela determina que não se possa considerar simplesmente um complexo de Édipo positivo; existem dois complexos simultâneos no sujeito. Um é positivo, e o outro, negativo ou invertido. Assim, num momento inicial, o menino estará identificado com seu pai e efetivará uma escolha de objeto mãe e, ao mesmo tempo, estará identificado com sua mãe e realizará uma escolha de objeto pai[12]. Freud denomina esse

---

12 Aquilo que era "caso particular" no Homem dos Lobos ou na jovem homossexual é agora situação geral.

conjunto de "complexo de Édipo completo". O que acontece quando se produz seu naufrágio, ou seja, quando a criança deve abandonar as escolhas de objeto incestuosas do pai e da mãe? No caso "mais normal" no menino, a identificação-pai é reforçada a partir de duas fontes: tanto a renúncia ao objeto mãe do complexo positivo como a renúncia ao objeto pai do complexo negativo cedem sua libido à identificação-pai. A identificação-mãe não recebe reforços, mas pode acabar capitalizando-os no "caso menos normal". Vale sublinhar que, do conjunto originário, constituído de duas identificações e duas escolhas de objeto incestuosas (o complexo de Édipo completo), restaram só as duas identificações, depois do abandono dos objetos. "Na diversa intensidade com que se cristalizam ambas as identificações espelhar-se-á a desigualdade de ambas as disposições sexuais" (Freud, 1923b, p. 35). Esse conjunto de duas identificações interligadas "recebe uma posição especial: confronta-se com o resto do ego como ideal do ego ou superego" (Freud, 1923b, p. 36). Devido a essa origem, o superego é simultaneamente o herdeiro do complexo de Édipo, uma vez dissolvido, e uma formação reativa contra esse complexo, fonte da ética, da consciência moral, da censura, do recalque e dos sentimentos de culpa.

De fato, esse outro proibidor, agora incorporado, fica instituído numa posição dominante para a qual foi promovido pela via da identificação. A partir desse lugar, "observará" o ego e o id e exercerá controle sobre seus desejos. Se tais desejos se afastam da norma, o ego sentirá, como remorso, culpa, autocrítica, a ação desse "outro", que é seu próprio superego. Agora os "diques", que Freud mencionara nos "Três ensaios", já não precisam ser organicamente condicionados. A barreira do incesto também não necessita da hipótese da herança filogenética: a instauração do superego dá conta de ambas e vai além, incorporando o sujeito à cultura à qual pertence e com a qual compartilha seu ideal do ego.

Sintetizando, então, o modelo de complexo de Édipo, tal como se depreende a partir do capítulo 3 de *O ego e o id*, pode-se assinalar que:

- o complexo de Édipo é postulado como universal, válido para todo ser humano;

- os desejos em jogo já não são "Natureza"; pelo contrário, têm origem na história do sujeito a partir de identificações e de escolhas de objeto em apoio;

- o complexo de Édipo, ao tramitar, deixa como herança uma instância permanente do aparelho psíquico, o superego, que se transforma em estrutura desse aparelho, na segunda tópica. O superego, porém, não é apenas herdeiro do complexo de Édipo; também se constitui como importante formação reativa contra ele;

- continua vigente o paralelismo e a analogia entre o complexo de Édipo feminino e o masculino; ambos se processam de idêntica maneira;

- trata-se de um *complexo de Édipo composto* e já não simples. Inclui, para o mesmo sujeito, seja qual for seu sexo, uma posição heterossexual (complexo positivo) e outra, homossexual (complexo negativo), que são simultâneas;

- quanto à constituição de uma posição subjetiva sexuada, masculina ou feminina, esta se depreende do processamento do complexo de Édipo completo.

A constituição da sexuação ocorre em dois sentidos. No primeiro deles, pode-se afirmar que a identificação primária predominante, assim como seu reforço pelo afluxo da libido proveniente das escolhas de objeto abandonadas, define a masculinidade ou a feminilidade. Em outros termos: tanto a partir do ego afetado pelas identificações primárias como a partir do superego constituído graças às identificações edipianas, constrói-se uma posição masculina ou feminina que possui uma história.

No segundo sentido, é interessante notar que a bissexualidade constitucional tem peso decisivo no resultado final, determinando qual será a identificação (masculina ou feminina) prevalente. Em textos prévios, antes de Freud cunhar o conceito de identificação, a presença de uma origem constitucional da determinação dos sexos era uma necessidade explicativa do sistema. Mas, neste texto, a utilização da hipótese parece menos compreensível, já que se torna clara a possibilidade de definir as posições sexuadas a partir de um ponto de vista puramente psíquico, baseado na identificação. Ainda assim, pode-se compreender o recurso à bissexualidade constitucional pelo fato de que, no esquema das duas identificações e das duas escolhas de objeto, algo teria de decidir a inclinação do fiel da balança, para que o resultado fosse um sujeito sexuado do lado masculino ou do lado feminino. No modelo de complexo de Édipo que Freud passará a desenvolver nos artigos posteriores a "O ego e o id", o complexo de castração cumprirá a função de inclinar esse fiel da balança sem a necessidade de recorrer à bissexualidade constitucional. Cumprirá também outra função, que não aparece no artigo que estamos trabalhando: a de explicitar os motivos pelos quais se abandona o complexo de Édipo.

A problemática edipiana centrada no complexo de castração

Antecedentes

Tal problemática desenvolveu-se ao longo das hipóteses teóricas e clínicas que Freud construiu sobre o complexo de castração, bem antes de passar a considerá-lo central para os destinos do complexo de Édipo. Considerem-se brevemente esses antecedentes.

Pode-se partir da análise do pequeno Hans (Freud, 1909a). Neste texto, Freud percorre o caminho que vai da fobia do menino (fobia dos cavalos e, mais especificamente, temor de que um cavalo o morda) até os desejos recalcados que a ocasionam. Trata-se da hostilidade pelo pai e dos desejos eróticos pela mãe. Sufocados, retornam nos sintomas (o conjunto de fobias centradas no cavalo). O cavalo-pai, a quem Hans gostaria de ver morrer esperneando, vai castigá-lo com a castração que se dirige ao pênis, membro expressivo do erotismo pela mãe. E não se trata apenas disso: o pênis já é, para o pequeno Hans, o principal objeto sexual autoerótico e ainda uma espécie de "classificador": todos os seres vivos, homens e mulheres, o possuem e só objetos inanimados inertes (a locomotiva o "tem") estão desprovidos dele. Assim, o menino recusa a percepção ameaçadora de que falta o pênis na irmã mais nova: "Já crescerá", ele diz.

Em face de sua atividade masturbatória, Hans recebe uma ameaça de castração de sua mãe, mas ele não dá crédito a ela. Só mais tarde atribuirá sentido a essa ameaça, quando seus desejos hostis de eliminar o pai o fazem temer a retaliação paterna, sob a forma da castração. O menino é presa da angústia e, a partir dela, sufoca seus desejos hostis e incestuosos, que o expunham ao grave perigo de perder o órgão tão apreciado. Pode-se advertir que o *complexo de castração tem uma função central no recalcamento do complexo de Édipo positivo* de Hans. Freud outorga-lhe esse valor. Mas não elabora, a partir do caso, hipótese alguma que ligue o abandono do complexo de Édipo ao complexo de castração. Trata-se de uma causalidade indiscutível no caso do pequeno, mas não ainda de uma regra geral.

"Teorias sexuais infantis" (Freud, 1908) foi publicado em 1908, um ano antes da edição da análise de Hans, embora tal análise já tivesse sido finalizada. Por isso Freud utilizou, no artigo em questão, uma boa parte do material. É aqui que surge, pela primeira vez, a expressão "complexo de castração".

Freud refere-se às teorias sexuais das crianças e as considera típicas, universais, já que seus acertos e erros estão ligados à constituição psicossexual dos infantes. Uma das teorias trabalhadas no artigo consiste em atribuir a todo ser humano, de ambos os gêneros, um pênis. No período em que surge essa teoria sexual, esse órgão é já a zona erógena principal, e o menino não consegue imaginar alguém que não o possua. Quando, devido a seu onanismo, recebe a ameaça de ser privado de seu mais importante objeto sexual autoerótico, o espanto e a angústia vão dar origem ao complexo de castração. Mais tarde, poderá sentir horror pelos genitais femininos, considerados como o resultado da tão temida mutilação.

A menina situa-se, em relação ao seu clitóris, do mesmo modo que o menino em relação a seu pênis. Quando ela descobre o órgão que ele possui, cai vítima da inveja e se sente gravemente prejudicada, objeto de uma privação ou, pior ainda, de uma mutilação.

"Teorias sexuais infantis" eleva ao nível de uma premissa universal das crianças (uma teoria sexual presente em todas elas) a atribuição de pênis a todo ser vivo. A partir desse dado comum, meninos e meninas seguem caminhos diferentes: a angústia de castração neles, e a inveja fálica nelas.

Apesar disso, Freud não estabelece relação alguma entre essa problemática e o complexo de Édipo ainda. Considera somente a vertente autoerótica do que virá a ser mais tarde a fase fálica[13].

Em "Uma lembrança infantil de Leonardo da Vinci" (Freud, 1910), Freud faz referência ao complexo de castração. Analisa a lembrança encobridora infantil do pintor, na qual um abutre (ou milhafre) visita seu berço e introduz sua cauda na boca do menino. Freud pergunta-se como esse pássaro, símbolo materno, pode ter um genital masculino (representado pela cauda). Um trajeto pela mitologia e pelas religiões leva-o a constatar a frequência de divindades maternas dotadas de falo. Freud articula essas deidades às teorias sexuais infantis, nas quais as crianças atribuem esse órgão a todos os seres humanos e, muito em especial, à mãe. Mais tarde, tendo passado pela ameaça de castração, os meninos aceitam a diferença de gêneros como diferença de sexos, interpretada como resultado da consumação da ameaça. Um dos efeitos possíveis dessa hipótese infantil é o horror à mulher, que pode levar à impotência, à misoginia, à homossexualidade, ao fetichismo etc.

Em Leonardo da Vinci, a suposição infantil do pênis materno deriva do desejo escondido na fantasia do abutre: que a mãe seja fálica. Ao mesmo tempo, a fantasia aponta

---

13 Cf. "Organização genital infantil", de que trataremos adiante.

para uma relação entre a fixação à mãe e a posição homossexual do pintor. Ele teria recalcado seus desejos por ela e, por meio de uma identificação, se teria transformado nela (a mulher com pênis) e procurado novos objetos de amor aos quais amar, como ela o amou.

Também aqui, como na análise de Hans, Freud não estabelece um nexo geral entre a tentativa falha de liquidar o complexo de Édipo e o complexo de castração.

No caso Schreber (Freud, 1911), Freud trabalha a hipótese de uma transformação dos desejos homossexuais passivos em relação ao pai e aos substitutos, em delírio de perseguição: "Eu não o amo: eu o odeio porque ele me persegue" (Freud, 1911, p. 59). É no delírio que Schreber avança no terreno do desejo homossexual, e ele culmina na fantasia de se transformar, ou ser transformado, aos poucos, na mulher de Deus, o que lhe provoca enorme prazer. Do delírio de perseguição ao de grandeza, a fantasia de desejo feminina passa a ocupar o lugar central. O pai mudou de proibidor a propiciador do gozo. A temida ameaça de castração paterna acaba por ser aceita e atinge seu ponto máximo na fantasia de ser transformado em mulher por emasculação. Observa-se, em ação, a teoria sexual infantil que decide que uma mulher é um homem castrado.

Na etiologia da paranoia, porém, Freud não atribui papel especial ao complexo de castração. O ponto de fixação da libido, narcisista, e também o tipo especial de defesa (a projeção) são os determinantes do quadro.

Em "Introdução ao narcisismo" (Freud, 1914), o complexo de castração cumpre a função de elemento principal de perturbação, que determina o abandono do narcisismo original da criança. Ele é considerado em duas vertentes: como angústia pelo pênis, no menino; como inveja do pênis, na menina. Mas, como já foi assinalado, Freud julga o complexo de castração uma base estreita demais para dar conta do complexo de Édipo e da etiologia das neuroses.

Nas "Conferências de introdução à psicanálise", de 1916-17 (Freud, 1916c), e em especial na Conferência 23, muito influenciada pelo que descobrira durante a análise do Homem dos Lobos, Freud atribui universalidade à fantasia de castração. De fato, ocupa-se do que denomina de fantasias originárias: observação da cena primária de coito entre os pais, sedução por um adulto e ameaça de castração. Freud não questiona a possibilidade de que tais situações tenham acontecido efetivamente na realidade objetiva. O que ele sustenta é que, se não aconteceram, serão igualmente constituídas na base de indícios e complementadas pelas fantasias. Ele atribui realidade histórica e origem filogenética a tais fantasias: "Parece-me muito provável que tudo o que hoje é relatado na análise como fantasia [...] foi uma vez realidade nos tempos originários da família humana" (Freud, 1916c, p. 338).

A universalidade da fantasia de castração vem corrigir a afirmação contida em "Introdução ao narcisismo", segundo a qual, em determinados casos, o complexo de castração "não aparece"[14].

Em o "Homem dos Lobos", de 1918, segundo já foi comentado[15], o lugar que ocupa o complexo de castração é central, muito especialmente em relação ao recalcamento do complexo de Édipo negativo do paciente. Muito ainda se poderia acrescentar ao que foi anteriormente apontado: a alucinação do dedo cortado, as três diferentes atitudes do

14 Ver em "Introdução ao narcisismo", deste capítulo.
15 Ver em "Da história de uma neurose infantil", deste capítulo.

paciente a respeito da castração etc. Isso, porém, ultrapassa os propósitos deste texto. Só cabe sublinhar a afirmação de Freud: "o esquema (filogenético) triunfa sobre a vivência individual; em nosso caso, por exemplo, o pai transforma--se no castrador e é quem ameaça a sexualidade infantil apesar da presença de um complexo de Édipo invertido" (Freud, 1916c, p. 109).

Em "Sobre as transposições das pulsões e especialmente do erotismo anal" (Freud, 1917b), Freud recolhe muitas das descobertas feitas no percurso da análise do Homem dos Lobos. Assim, retoma as equivalências simbólicas estabelecidas no material clínico citado: fezes = presentes = dinheiro = filho = pênis = homem, que intercambiam, entre si, sua significação libidinal. Esse caminho inconsciente de substituições marca interessante itinerário, possível também para a menina. Ela encontra-se no período em que, descoberta a diferença entre os sexos, cai sob o império do complexo de castração: inveja do pênis e desejo de possui-lo. Diante da impossibilidade, seu desejo pode sofrer vários deslocamentos. Deslizando pela equação pênis = filho, começa a desejar ser mãe e ter um nenê para mostrar. Seguindo a mesma série de equivalências, o bebê será um "presente" que deseja receber. Em outra linha de substituições possíveis, pode passar do desejo de possuir um pênis ao de ter um homem, como apêndice do mesmo. Por esses caminhos, construídos a partir das equivalências simbólicas, a menina "masculina", vítima da inveja do pênis, poderá devir uma mulherzinha que, em posição feminina, deseja receber um homem, um pênis e um filho.

Observa-se aqui todo um roteiro sobre a constituição da feminilidade a partir do complexo de castração. Mas, nesse artigo, o complexo de Édipo não é mencionado.

Em "O tabu da virgindade" (Freud, 1918b), Freud articula, ainda que superficialmente, duas conceituações até então independentes: o complexo de castração e o complexo de Édipo.

O tema do artigo é o tabu da virgindade presente em povos primitivos. Devido a esse tabu, a mulher deve ser deflorada antes do primeiro ato sexual com o marido. O primitivo, afirma Freud, erige um tabu quando teme um perigo. Tal perigo é a hostilidade feminina, que ele registra também, em semelhantes ocasiões, em muitas mulheres da cultura atual.

Freud fala do estágio em que a menina é vítima do complexo de castração: inveja a posse do pênis do irmão, quer ser ela um menino, sente-se inferior e não oculta sua hostilidade em relação aos rapazes. Essa fase está mais perto do narcisismo do que do amor de objeto. Mais tarde, escolhe o pai como objeto sexual, e seu desejo de possuir um pênis transforma-se no desejo de receber um filho do pai. Mas, em muitas mulheres, a primeira relação sexual pode reanimar a fase anterior do complexo de castração e, com ela, a hostilidade e a inveja, desta vez em relação ao marido. Freud menciona Judith da tragédia de Hebbel, *Judith e Holofernes*: ela é a mulher que castra (decapita) o homem que a deflorou.

Aqui o complexo de castração feminino participa, a partir do desejo de possuir um pênis, da formação do desejo de receber um filho do pai, já no processamento do complexo de Édipo. Ao mesmo tempo, esse último desejo mostra-se instável, abrindo a possibilidade de uma via regressiva ao desejo original.

Em "O 'estranho'" (Freud, 1919), Freud focaliza um particular sentimento de angústia que aparece quando retorna algo que deveria permanecer recalcado. Não se trata de algo alheio ou novo, e sim de algo que já foi familiar, mas acabou retirado de circulação pelo recalque. Entre as diversas variedades do "estranho" que Freud examina, uma delas está ligada ao tema aqui trabalhado. Trata-se de tudo aquilo recalcado, que está ligado ao complexo de castração. Determinadas representações (literárias, mitológicas ou originadas em fantasias) podem evocar esse complexo e provocar angústia e espanto. A perda dos olhos, a secção dos membros, uma cabeça cortada, uma mão que dança solta, uma perna que anda só, tudo lembra a ameaça de castração e provoca inquietante estranheza, horror.

Em "A cabeça de Medusa" (Freud, 1922), escrito em 1922 e publicado postumamente em 1940, o tema do complexo reaparece. Freud analisa o significado de um elemento mitológico: a cabeça cortada da Medusa, que simboliza a castração. Por isso, a cabeleira formada por inúmeras serpentes mitiga o horror, multiplicando os símbolos do pênis, como para recusar sua supressão. Na analogia entre o mito e o desenvolvimento psíquico da criança, Freud afirma que o terror perante a possibilidade da perda do membro masculino se apresenta quando o menino, que não dava crédito à ameaça de castração, descobre o genital feminino. Esse genital, que considera mutilado, será o símbolo do horror: "Em Rabelais, o demônio foge quando a mulher mostra sua vulva" (Freud, 1922, p. 271).

Levando em conta o conjunto dos textos citados neste item, podem-se fazer algumas considerações.

O complexo de castração é proposto por Freud muito cedo, em "Teorias sexuais infantis" de 1908, no qual já é considerado nas suas duas vertentes assimétricas: a angústia de castração para o menino e a inveja fálica para a menina. O valor dado ao pênis é ainda o de principal objeto autoerótico que, como tal, deve ser preservado no próprio sujeito e nos outros, especialmente na mãe (como posteriormente será apresentado nas histórias clínicas de Hans e do Homem dos Lobos, bem como na análise da lembrança infantil de Leonardo com seu pássaro fálico, símbolo materno). Em "Introdução ao narcisismo" será sublinhado o valor narcisista do pênis. Assim, o complexo de castração significará a perturbação do narcisismo inteiro da criança, menino ou menina, pondo fim à onipotência de *His Majesty the Baby*".

Quando esse complexo é elevado à categoria de fantasia originária ("Homem dos Lobos", "Conferências de introdução à psicanálise"), independe da ocorrência ou não da ameaça concreta dos pais. É destino universal sofrer esse abalo e extrair dele suas consequências. No caso da menina, pode significar o início de um movimento libidinal destinado a furtá-la do espaço psíquico de sofrimento, e que a conduza a permanecer equilibrada na instável posição de possuidora do filho e do pênis do homem ("Sobre as transposições das pulsões e especialmente do erotismo anal"), embora seja sempre possível regredir ao tormento da hostilidade rancorosa do começo ("O tabu da virgindade"). O menino ficará exposto à angústia do "estranho", sensível a tudo aquilo que possa evocar o horror temido da castração ("O 'estranho'" e "A cabeça de Medusa").

É importante assinalar com relação ao conjunto de textos considerados aqui que em nenhum deles Freud estabelece uma relação que possa ser caracterizada como possuidora de valor geral entre complexo de castração e complexo de Édipo.

"Organização genital infantil" (Freud, 1923a)

"Organização genital infantil", escrito e publicado em 1923, introduz importantes novidades.

Já na infância consuma-se uma escolha de objeto sexual, como Freud afirmara na edição de 1915 dos "Três ensaios". No entanto, e esta é a inovação do artigo, a semelhança entre a vida sexual infantil e a adulta não se reduz a isso. Também nas crianças se verifica a existência de uma fase de primazia dos genitais, embora ela seja muito diferente da que se faz presente nos adultos. Com efeito, na fase infantil, para ambos os sexos, existe somente um genital: o falo. A oposição que se constitui é fálico/castrado, ao invés da que se pode considerar para o sujeito maduro, como pênis/vagina, masculino/feminino.

O menino considera que todos, homens e mulheres, são fálicos. Quando descobre a falta do membro numa irmã ou amiga, recusa essa percepção e afirma, apesar de tudo, a existência do falo. Mais tardiamente, conclui que esteve lá, mas foi removido. A teoria que o menino constrói, estabelece: se todos têm, aqueles que não têm foram castrados como castigo. Pessoas de respeito, como a mãe, não sofreram essa punição e continuam dotadas de falo.

Note-se que, nesse texto, a fase fálica é descrita somente para o menino. Além disso, Freud não estabelece relações entre a fase, o complexo de castração que lhe corresponde e o complexo de Édipo.

"O sepultamento do complexo de Édipo" (Freud, 1924)

O artigo, escrito e publicado em 1924, elabora pontos de vista novos, a partir de elementos já presentes na teoria.

Freud pergunta-se agora por que é sepultado o complexo de Édipo e recapitula suas respostas anteriores: pelas desilusões dolorosas sofridas em relação aos desejos incestuosos; porque chegou o tempo de sua dissolução (lembre-se aqui dos esquemas filogenéticos); por outro tipo de razões (que a seguir serão elucidadas).

O menino está na fase fálica. Masturba-se e recebe, de modo enfático ou elíptico, ameaças de castração dos adultos. No começo, não acredita nelas. Mas quando reconhece, depois de muitas recusas, a diferença dos genitais das meninas, interpreta-a como castração. A ameaça produz efeitos nele *a posteriori*. O mais significativo dessa situação é que sua masturbação está ligada à descarga da excitação do complexo de Édipo. Este oferece duas possibilidades de satisfação: uma masculina, na qual, situado no lugar do pai, deseja a mãe; a outra, feminina, em que, colocado na posição da mãe, deseja o pai. Agora, a partir da ameaça de castração ativa nele, fica em perigo de ser mutilado em ambas as situações: como castigo, por querer substituir o pai; como premissa, se quer ocupar o lugar da mãe. Está deflagrado "o conflito entre o interesse narcisista nesta parte do corpo e o investimento libidinoso dos objetos parentais" (Freud, 1924, p. 184).

Como resultado da angústia de castração, afasta-se do complexo de Édipo. É por causa disso que abandona os objetos incestuosos, se identifica com o pai proibidor e instaura seu superego. Entra, então, o menino, no período de latência. "Tais são os nexos [...] entre organização fálica, complexo de Édipo, ameaça de castração, formação do superego e período de latência. Justificam a tese de que o complexo de Édipo afunda por causa da ameaça de castração" (Freud, 1924, p. 185).

Quanto à menina, ela também atribui um falo a todo ser vivo. Quando percebe a diferença sexual em relação aos meninos, sente-se inferior e os inveja. Considera-se já mutilada e, portanto, não desenvolve angústia de castração. Não disporá dos mesmos poderosos motivos que o menino para abandonar o complexo de Édipo e formar seu superego. Ao mesmo tempo, a partir do desejo de possuir um falo, desliza pela equivalência simbólica representada pela equação pênis = filho. Espera receber como presente um filho do pai. Esse desejo será abandonado aos poucos, tardiamente, porque não se cumpre.

Sintetizando as questões que aparecem neste texto, temos que:

- pela primeira vez, o complexo de castração é designado como causa geral do abandono do complexo de Édipo no menino, indo além dos casos particulares em que isso ocorria (Hans, Homem dos Lobos). Ao mesmo tempo, é também a primeira vez que Freud explicita um motivo crucial para a dissolução do complexo;

- o complexo de Édipo do menino sofre um destino que já não é análogo ao da menina. Importantes diferenças (abandono ou não do complexo de Édipo, formação ou não do superego) são assinaladas entre ambos, a partir da presença ou da ausência da angústia de castração.

"Algumas consequências psíquicas das diferenças sexuais anatômicas" (Freud, 1925)

O artigo de 1925 retoma a problemática edipiana no menino e na menina e, pelo caminho já esboçado no texto comentado previamente, radicaliza as diferenças entre ambos.

No menino, as hipóteses sobre origem, desenvolvimento e abandono do complexo de Édipo são semelhantes, em linhas gerais, àquelas que aparecem no artigo anterior. Por esse motivo, não é necessário deter-se nelas.

Na menina, porém, aparece uma diferença de peso. Freud afirma, pela primeira vez, que também para a menina (como para o rapaz) *o primeiro objeto sexual é a mãe*, a mãe do apoio, dos primeiros cuidados. Mas, perante tal afirmação, abre-se um novo interrogante: como e por que ela abandona esse primeiro objeto e se dirige ao pai, na situação do complexo de Édipo? De qualquer forma, fica claro que esse complexo ocupa, para a menina, a posição de uma formação secundária e não originária, como até aqui Freud afirmara.

É, então, libidinalmente ligada a esse objeto mãe que a menina começa sua vida sexual e chega à fase fálica. Nesse momento, a descoberta das diferenças sexuais é teorizada por ela, como efeito de uma castração da qual foi vítima. Desenvolve, então, como consequência desse *complexo de castração*, uma intensa *inveja do pênis*.

Ela pode reagir a partir de uma formação reativa: o *complexo de masculinidade*, que envolve um amplo leque de possibilidades, desde a recusa da situação que sente ser a sua, e que é substituída pela convicção de que ela possui atributos masculinos apesar de tudo, até a *esperança de chegar*, algum dia, a desenvolver um falo real ou figurado.

Paralelamente, se a menina admite como verdadeiro e aceita aquilo que teorizou como castração, desenvolve-se, a partir dessa ferida narcisista, um *sentimento de inferioridade* que pode levá-la a se depreciar e, junto com ela, a todas as mulheres, a mãe inclusive.

Por deslocamento da inveja fálica, torna-se facilmente vítima dos ciúmes, em especial em relação aos meninos.

Desenvolve intensa rejeição pela masturbação clitoridiana e recalca os desejos ligados a esta, pois lhe lembram a afronta narcisista sofrida.

A consequência, talvez mais importante, é que culpa sua mãe por tê-la dotado tão insuficientemente e se afasta, com rancor, dela.

Mas a libido da menina desiludida só consegue abandonar a posição de sofrimento graças ao deslocamento dentro da equivalência simbólica figurada pela equação pênis = filho. Seu desejo passa a ser ter um filho. Com esse propósito, e já afastada, com ódio, da mãe, passa a buscar o pai, como novo objeto sexual. A mãe é agora a rival e a menina vira uma pequena mulher. Freud conclui: "Enquanto o complexo de Édipo do menino afunda por causa do complexo de castração, o da menina é possibilitado e introduzido por esse último" (Freud, 1925, p. 275).

Na menina, então, falta o motivo (a angústia de castração) para a demolição do complexo de Édipo, abandonado pouco a pouco. Também pode ser recalcado ou nunca liquidado. Como consequência, "o superego jamais é tão implacável, tão impessoal [...] como no menino" (Freud, 1925, p. 276).

Neste artigo, temos, então, que:

- se radicaliza a afirmação das diferenças entre o complexo de Édipo na menina e no menino, já presente no artigo anterior;

- se afirma que o primeiro objeto sexual da menina é a mãe e não o pai, como até aqui Freud propusera. Consequentemente, a descrição freudiana finalmente está coerente com as hipóteses desenvolvidas nos "Três ensaios" a respeito da escolha de objeto em apoio;

- enquanto o complexo de Édipo do menino se constitui desde o começo, o da menina é uma formação secundária;

- o complexo de castração, a partir da ameaça e da angústia de castração, acaba com o complexo de Édipo do menino. Na menina, o complexo de castração, expresso na inveja do pênis, arranca-a da ligação com a mãe e a introduz no complexo de Édipo com o pai;
- por tudo isso, pode-se sublinhar que o complexo de castração é central na produção, evolução e destino do complexo de Édipo em ambos os sexos, mesmo provocando efeitos totalmente diferentes em cada um deles;
- o superego do menino se constitui sob o influxo da angústia de castração. Esta não existe na menina, e a formação de seu superego fica prejudicada.

"Inibição, sintoma e angústia" (Freud, 1926)

Nessa extensa obra, publicada em 1926, Freud expõe sua reformulação da teoria da angústia: *angústia automática* ou traumática na origem; *angústia sinal* quando o ego consegue colocar-se como mediação para se defender dos diferentes perigos capazes de detonar a explosão de afeto: o nascimento, a perda da mãe como objeto, a perda do pênis, a perda do amor do objeto, a perda do amor do superego. Centrar-nos-emos nesses três últimos perigos, já que estão ligados diretamente ao nosso tema.

Freud questiona-se em relação às três neuroses de transferência. Nas fobias, domina o sentimento de ser invadido pela angústia. Retomando a análise do complexo de Édipo positivo de Hans e do complexo de Édipo negativo do Homem dos Lobos, mostra que: "a angústia das zoofobias é uma reação afetiva do ego frente ao perigo, e o perigo em questão é o da castração" (Freud, 1926, p. 120).

Quanto à neurose obsessiva, Freud afirma:

O motor [...] é a angústia do ego perante o superego. A hostilidade do superego é a situação de perigo para o ego. [...] Se nos perguntamos o que é que o ego teme do superego, impõe-se a idéia de que o castigo deste é um eco do castigo de castração. Assim como o superego é o pai que se tornou impessoal, a angústia perante a castração transformou-se em angústia social ou em angústia da consciência moral. (Freud, 1926, pp. 121 e 122)

Se tudo isso é assim, o que poderia ser decisivo para a ocorrência de neuroses no caso da mulher, para a qual não se pode falar em angústia de castração? A menina encontra seu objeto edipiano pai a partir do complexo de castração. Para Freud, a condição de angústia válida para ela será a da perda do amor por parte desse objeto. E acrescenta:

Já que sabemos que a histeria tem maior afinidade com a feminilidade, assim como a neurose obsessiva com a masculinidade, isso nos sugere a conjetura de que a perda de amor como condição de angústia tem, na histeria, um papel semelhante à ameaça de castração, nas fobias, e à angústia frente ao superego, na neurose obsessiva. (Freud, 1926, p. 135)

É evidente nesse texto que, se o complexo de Édipo é o complexo nuclear das neuroses, ele mesmo, por sua vez, tem um centro: o complexo de castração. Este impõe seus efeitos, e o faz segundo duas vertentes diferenciadas que ele próprio contribui para criar: a da feminilidade e a da masculinidade.

"Sobre a sexualidade feminina" (Freud, 1931)

Em "Sobre a sexualidade feminina", de 1931, Freud aprofunda as descobertas em relação à sexualidade feminina anunciadas em "Algumas consequências psíquicas das diferenças sexuais anatômicas". É provável que o acirrado debate que o artigo suscitara no meio analítico tenha pesado na hora de conceber este.

Aqui Freud se ocupa, muito especificamente, da *fase pré-edipiana de ligação exclusiva da menina com a mãe*, quando o pai é apenas um rival incômodo. Essa fase, na medida em que inclui os quatro ou cinco primeiros anos de vida, abre espaço para todas as fixações e recalques e, portanto, para o desenvolvimento de neuroses e psicoses, em especial a histeria e a paranoia[16].

A menina se encontrará perante a complexa tarefa de mudar de objeto (da mãe para o pai), de zona erógena dominante (do clitóris para a vagina) e de posição (de uma posição masculina para uma feminina). O comutador dessas transformações é fundamentalmente o complexo de castração da menina. Ela não desenvolve angústia de castração, porque, a partir da premissa universal do pênis e da constatação das diferenças, constrói a teoria de que já está castrada. Da alternativa aceitação-recusa dessa posição, que a fere em seu narcisismo, derivam-se três orientações possíveis:

- afasta-se da sexualidade em geral, renunciando à masturbação e a sua virilidade em todos os campos: é o triunfo de um extenso recalque;
- defende sua posição masculina ("complexo de masculinidade"), sustentando a esperança de, alguma vez, ter um falo ou substitutos;

---

16 Neste ponto, pode-se lembrar de "Um caso de paranóia que é contraditório com a teoria psicanalítica" e de "Sobre um caso de homossexualidade feminina", aos quais já se fez referência antes. Em ambos os casos, poder-se-ia levantar a hipótese de que não era a homossexualidade inconsciente ou consciente dessas duas mulheres que estava em jogo, e sim os efeitos *da ligação pré-edipiana exclusiva com a mãe*.

- afasta-se da mãe como objeto, procura o pai e entra no complexo de Édipo, que a coloca em posição feminina.

Como abandona o objeto mãe? Segundo o que Freud formula no texto, ela o faz, em parte, por ciúmes, ligados especialmente a irmãos que inveja por seus atributos fálicos. Acusa a mãe de preferi-los e desenvolve raiva e rancor contra ela. Além disso, Freud observa que a origem da masturbação no clitóris é muitas vezes atribuída pela menina à sedução materna, e ela tem para isso uma base real, propiciada pelos cuidados corporais dispensados pela mãe. Quando esta proíbe a masturbação, a menina revolta-se contra aquela que primeiro a seduziu e que agora interdita seu prazer. Outros fatores atuam para que a menina abandone o objeto mãe: quando a criança deixa de considerar a castração como uma desgraça pessoal e a estende a todas as mulheres, desvaloriza-as, e junto com elas, a mãe. No entanto, o mais intenso motivo de rancor contra a mãe é aquele de a ter concebido mulher, sem o genital apropriado. A reivindicação aparece substituída por outras, como a de não ter recebido da mãe leite, cuidados ou atenção suficientes.

Toda a ambivalência da ligação com a mãe acaba produzindo crises e leva a menina a afastar dela suas expectativas e desejos.

E quais eram esses desejos?

Tratavam-se de desejos orais, anais e fálicos, ativos e passivos, ou seja, envolviam a totalidade dos componentes da sexualidade infantil. Reivindicando o cumprimento desses desejos, ela ansiava receber todo tipo de satisfações e de cuidados da mãe e, reciprocamente, proporcioná-los a ela. Mas a pequena não alimenta, nem limpa ou veste sua mãe. Todas essas atividades são deslocadas para o jogo com as bonecas, que testemunha o caráter exclusivo da ligação com a mãe.

Quando a menina abandona com rancor o objeto mãe, todas as suas aspirações ativas, de algum modo fracassadas, tornam-se metas passivas. Apoiando nelas vai dirigir-se ao pai, agora já não para *ter* e sim, para *receber*.

É interessante chamar a atenção para o fato de que, neste artigo, é pouco o que se afirma sobre o complexo de Édipo. Seu foco é a ligação pré-edipiana com a mãe, suas características, os desejos em jogo, sua destruição, como consequências do complexo de castração, bem como a nova consideração de que determinadas neuroses e psicoses encontram nessa fase, seus pontos de origem. Esta novidade cria um interessante problema, pois questiona a generalidade da afirmação de que o complexo de Édipo é nuclear nas patologias, pelo menos nos casos femininos. Freud detém-se nesse problema e sugere uma solução: que todas as alternativas da ligação com ambos os pais sejam consideradas como pertencentes a esse complexo. No entanto, esse raciocínio não tem continuidade neste artigo. Com efeito, as distinções entre pré-edipiano (ligação exclusiva da menina com a mãe) e edipiano (ligação com o pai) são conservadas até o final do texto.

Em "Sobre a sexualidade feminina", o complexo de Édipo do menino e sua pré-história são descritos para compará-los com a menina. Nada de novo é teorizado quanto ao menino, razão pela qual não pareceu necessário fazer referência a ele.

"A feminilidade" (Freud, 1933)

Nesse capítulo das *Novas conferências de introdução à psicanálise*, de 1933, Freud retoma, em relação ao complexo de Édipo, os pontos de vista e conceitos já presentes no texto trabalhado no item anterior, e, por isso, não se acompanhará seu desenvolvimento completo. Tratar-se-á de recolher apenas alguns elementos diferenciais.

Um deles, muito interessante, aparece do seguinte modo: "A psicanálise [...] não pretende descrever o que é a mulher [...] e sim indagar como se desenvolve a mulher a partir da criança de disposição bissexual" (Freud, 1933, p. 108).

Pode-se advertir que Freud já se distanciou, e muito, das determinações constitucionais de que se tratava no início de suas formulações. A feminilidade é construída *psiquicamente* e, como tal, tem uma história plena de vicissitudes.

Em outro fragmento do texto (Freud, 1933, p. 119), Freud retoma o momento da passagem do objeto mãe para o objeto pai, o que marca o ingresso da menina no complexo de Édipo. Acrescenta elementos que enriquecem essa gênese. Assim, quando a menina abandona com ódio a mãe e deixa de lado a masturbação no clitóris, que expressava desejos ligados a ela, é também sua posição ativa a que é colocada de lado. Já não brinca com as bonecas como quando estava identificada com a mãe ativa, fálica, que cuida, alimenta, limpa, educa. O desejo de possuir um pênis, que foi substituído pelo de receber (em posição passiva) um filho, a faz ansiar o pai como novo objeto. A boneca será agora o filho que ela tem com o pai, marcando uma fase diferente do mesmo jogo. O ódio que motiva seu afastamento da mãe, a passagem dos desejos sexuais ativos para os passivos, os diferentes significados que adquire o jogo com bonecas são cuidadosamente elaborados e discriminados.

Freud acrescenta outro ponto que não aparecia no texto anterior: descreve algumas das características da feminilidade madura – um grau importante de narcisismo a singulariza e isso a faz vaidosa; sente vergonha com muita facilidade e não desenvolve um alto sentido da justiça.

Outro aspecto original do texto trata da identificação da menina com a mãe e distingue nela dois estratos. Um, mais antigo, pré-edipiano, imprime no seu caráter os traços da mãe fálica, ativa, que nutre, protege, educa. O segundo, edipiano, aponta a mãe rival, a mulher do pai, que ela quer substituir. Ambos os estratos da identificação materna colaboram para a capacidade de sedução que a mulher exerce sobre o homem. Com o pré-edipiano, ela atiça os desejos edipianos do homem, que remetem a sua própria mãe; com o edipiano, ela será feminina e se oferecerá para ser amada. Ambas identificações estão contidas no superego feminino.

Para sintetizar, pode-se chamar a atenção para o fato de que, em linhas gerais, este artigo reproduz as teorizações já construídas nos anteriores sobre o mesmo tema. Mas, ao mesmo tempo, especifica e detalha, tanto no interior da fase pré-edipiana como na edipiana, os momentos de passagem, suas características, suas consequências e seus efeitos para a construção da feminilidade.

"Esquema de psicanálise" (Freud, 1940)

Essa obra foi escrita em 1938 e publicada postumamente, em 1940. No capítulo VII, intitulado "Uma amostra do trabalho psicanalítico", Freud apresenta conciso e completíssimo resumo do complexo de Édipo no menino e na menina. Seria redundante seguir seu desenvolvimento, já que não traz novidades em relação aos textos anteriores.

Síntese

Sintetizando brevemente esse conjunto de textos que se caracteriza por situar o complexo de castração no centro mesmo da origem, evolução e destino do complexo de Édipo, pode-se assinalar que:

- tanto o complexo de Édipo como o complexo de castração, agora nuclear para aquele, têm uma abrangência universal;
- os desejos edipianos em jogo não têm uma origem "natural" ou constitucional. Freud elabora para eles não somente uma história complexa, mas também uma longa pré-história;
- o complexo de Édipo tem agora forte motivo para se dissolver, pelo menos no caso do menino – é o impacto do complexo de castração que provoca seu afundamento.
- Além disso, assinale-se que já não existe paralelismo nem analogia entre o complexo de Édipo feminino e o masculino. Pelo contrário, as diferenças são abismais. A partir de um mesmo ponto de partida, que remete à bissexualidade e à escolha preferencial de idêntico objeto (a mãe do apoio), separam-se os caminhos do menino e da menina. O menino vai perseverar no objeto para constituir seu complexo de Édipo até o momento em que o complexo de castração o expulse dessa posição libidinal, o que deixará como resíduo permanente a constituição de seu superego. A menina, pelo contrário, rejeitará com ódio aquele primeiro objeto quando o complexo de castração inaugurar seus efeitos. Esses, todavia, remetem-na ao pai, para fundar com ele sua ligação edipiana, porto seguro do qual muito dificilmente se deslocará. Isso cristaliza como resultado um superego regido pela angústia da perda do amor paterno e não pela angústia de castração, traduzida em imperativo

moral. Assim, deduz-se que o complexo de Édipo se constitui como formação primária, liquidada pelo complexo de castração, no menino; já na menina, o complexo de Édipo é um efeito do complexo de castração e, portanto, uma formação secundária.

- Quanto à constituição de uma posição subjetiva sexuada, os caminhos para o estabelecimento da feminilidade são minuciosamente descritos por Freud. O mesmo não acontece com a masculinidade, ao menos nesses artigos que acabam de ser comentados. No primeiro caso, Freud afirma, na 33ª Conferência de 1933, que não pretende dizer *o que* é a mulher, mas descrever *como* ela se desenvolve, a partir da criança de disposição bissexual. Esse esclarecimento é importante, pois permite supor que não está em jogo uma "essência" feminina, congênita ou de qualquer outro tipo, e sim uma *história* que pode dar como resultado, ou não, o surgimento de uma "mulher". De início, a menina não é nem feminina, nem masculina; ela é bissexual ou, mais precisamente, fálica: premissa universal do falo, masturbação no clitóris, posição ativa, cujo objeto desejado é a mãe fálica. O complexo de castração, que a destrona dessa posição, coloca-a perante três caminhos possíveis. O primeiro é o *recalque*. Isso significa que seus desejos da fase fálica, agora inconscientes, continuam imutáveis. O segundo é a *recusa*: desestimados os motivos que poderiam levá-la a uma mudança de posição desejante, continua fálica. Já a terceira possibilidade, constituída a partir do momento em que se atribui a condição de "castrada", precipita a *mudança do objeto libidinal* (da mãe para o pai), *a mudança da zona erógena* (do clitóris para a vagina) e a *mudança de posição* (de ativa para passiva). Essa travessia edipiana, acionada pelo complexo de castração, a conduz para o lugar feminino, segundo Freud. Nesse percurso, cristalizam-se as duas identificações que moldarão seu caráter e que vão reger uma parte de seu superego: a primeira é com a mãe fálica, que abandonou como objeto; a segunda, com a mãe rival, desejada pelo pai e supostamente feminina. Finalmente, é importante lembrar algo que já foi indicado quando se tratou "Inibição, sintoma e angústia": pode-se inferir a influência, na constituição da feminilidade (e da histeria), de um outro elemento – a angústia diante da possibilidade da perda do amor paterno, e mais tarde, talvez, do amor do superego.

- Quanto à constituição de uma posição subjetiva sexuada no caso masculino, é bastante claro que continua vigente, em parte, o modelo já trabalhado por Freud em "O ego e o id", que enfatizava o peso da identificação com o pai, tanto no nível do ego como no do superego. A importante diferença, no conjunto de artigos aqui analisados, está determinada pelo influxo do complexo de castração, que fecha os caminhos para saídas que não passem pela identificação paterna, sem necessidade de recorrer a forças constitucionais do masculino no sujeito. Com efeito, como já foi indicado quando se tratou de "O sepultamento do complexo de Édipo", pode-se resgatar a hipótese de que a angústia de castração liquida as duas possibilidades de satisfação desse complexo e precipita, como único recurso contra essa angústia, a renúncia libidinal e a identificação com o pai viril, para reger o caráter do ego e o estilo do superego.

2
Modulações do Édipo

O contexto

Na Introdução deste livro interrogava-se sobre a vigência, na atualidade, do padrão clássico do complexo de Édipo, tal como Freud o enunciou. Sugeria-se, a esse respeito, a possibilidade de encontrar diferentes modulações desse complexo, variantes do modelo original.

Em função dessa questão, é interessante dialogar com os textos de outros psicanalistas que refletiram sobre problemas afins, inspirados pela hipótese da existência de patologias contemporâneas, em aparências diferentes das neuroses clássicas derivadas do complexo de Édipo padrão.

No percurso desta pesquisa, foram selecionados determinados autores, predominantemente franceses e de orientação freudo-lacaniana, que desenvolviam suas considerações sobre as novas doenças psíquicas, mantendo como referência a conflitiva edipiana. Ao contrário desses, outros psicanalistas, predominantemente anglo-saxões, ocupavam-se dos modos de subjetivação atuais fora desse contexto. Tratavam-se, em muitos casos, de fenomenologias sintomáticas, incluídas aquelas estabelecidas a partir da transferência ou da contratransferência. Ora privilegiavam o grau de narcisismo, ora o déficit representacional e simbólico, ora a crise das fronteiras entre neurose e psicose para definir casos-limites.

Tanto uns quanto outros compartilhavam a convicção de que "já não existem neuróticos como os de antigamente". No entanto, o primeiro grupo de analistas reagia diante dessa observação, tentando descrever o que podia estar acontecendo no plano do que Freud denominava "o núcleo das neuroses", ou seja, o complexo de Édipo. A afinidade com esse ponto de vista, dado o objetivo do livro, levou-nos a selecionar esse grupo de autores.

Os autores

Jacques-Alain Miller (2000-2001), em seu Seminário *O lugar e o laço*, afirma que Lacan, na fase final de seu ensino, questiona o Édipo freudiano e decreta a falência do significante Nome-do-Pai, que organizava o reino da lei de interdição. Mas isso, segundo Miller, fez parte de um movimento mais amplo. Com efeito, no último Lacan haveria um questionamento dos conceitos freudianos e também de muitos operadores de sua própria teoria que vinham de seu período estruturalista, de primado do simbólico organizado pelo Nome-do-Pai. Por isso, a crítica ao complexo de Édipo freudiano inclui também muito do que ele mesmo, Lacan, ordenara previamente.

O último Lacan é, segundo Miller, um analista sem Nome-do-Pai, sem esse resto do Édipo freudiano. Mas não propõe novos significantes em substituição àquele. Pelo contrário, acabado o predomínio do Simbólico sobre o Real e o Imaginário, resta o nó borromeano, a enlaçar os três registros. As configurações desse nó darão conta dos modos de subjetivação. O Simbólico é denunciado como arbitrário, cambiante, historicamente relativo e sem possibilidade alguma de recobrir ou de dar conta do Real. Por isso, disse Miller, Lacan passa a privilegiar a poesia em detrimento da lógica; a biologia, e não a antropologia; o gozo libidinal sobre a ordem significante; o Real sem lei no lugar da metáfora paterna. Dessa perspectiva, os modos de subjetivação podem ser variáveis no tempo e sujeitos às formas de articulação do Real, do Simbólico e do Imaginário no nó borromeano. Perde-se o monopólio edipiano ou qualquer outro monopólio e as modalidades das agora múltiplas "fábricas de subjetivação sexuada" são imprevisíveis e, talvez, desnecessárias.

O antigo polo da proibição, encarnado na função paterna, deixa de ter qualquer valor privilegiado e passa a ser mais uma entre as variadas possibilidades de uma clínica borromeana, na qual um "sinthoma" pode assumir a função de Nome-do-Pai e o Nome-do-Pai não passa de "sinthoma".

No livro *Os casos raros, inclassificáveis, da clínica psicanalítica* (Dewambrechies-La Sagna; Deffieux, 1998), transcreve-se um encontro realizado em Arcachon, França, em 1997. Ali, dezenove analistas lacanianos e millerianos apresentaram seus textos, centrados no relato de histórias clínicas de pacientes que resistiriam à classificação estrutural. Seguiu-se uma discussão geral, presidida por Jacques Alain Miller, que é uma amostra do esforço para constituir uma clínica da conexão borromeana, além do Édipo e do Nome-do-Pai. É interessante sublinhar que não está em questão uma problemática histórica que discriminaria patologias atuais de outras clássicas. Para todas elas postula-se a suficiência da "segunda clínica" lacaniana.

Não deixa de ser interessante, para este texto, a perspectiva da escola em questão. Se, para ela, o complexo de Édipo freudiano é somente um caso particular e possível de estilo de subjetivação, ou seja, uma configuração entre outras do nó borromeano, fica relativizado o complexo e, ao mesmo tempo, ressaltada sua função constituinte. Junto com isso, aumenta o grau de abstração da teoria, que se abre a novos interrogantes. Desse ponto de vista, cabe indagar-se se o Édipo não foi uma descoberta freudiana de um método de subjetivação particular que manteve sua dominância sobre outros possíveis, durante um enorme período da história de nossa cultura. Talvez se possa dizer que constituiu, com o Nome-do-Pai à cabeça, uma regularidade a reger durante séculos a produção de homens e mulheres fortemente inseridos nas suas respectivas sociedades.

Jean-Jacques Rassial (2000), em O *sujeito em estado limite*, ocupa-se das novas patologias agrupadas pela psicanálise anglo-saxã sob a denominação de "casos-limites" e que não se constituem, para essa orientação, nem como psicoses, nem como neuroses, nem como perversões: ou seja, não correspondem às estruturas clássicas. O autor critica o caráter descritivo desse diagnóstico, mas considera que é possível teorizá-lo como definição do estado do sujeito atual. Rassial parte da proposta de André Green (1994), em *A loucura privada*, segundo a qual o dispositivo analítico é o espaço em que se pode isolar esse funcionamento psíquico particular que expõe os limites da analisabilidade.

Rassial considera que o estado-limite "é uma resposta adequada a uma incerteza das referências, que caracteriza o laço social contemporâneo" (p. 27), afetado pelo declínio da função paterna e pelo avanço da ciência. Sua hipótese básica é que esse estado é comparável a uma adolescência prolongada na vida adulta.

Para o autor, o Homem dos Lobos, que combina estrutura neurótica com experiência psicótica, seria o primeiro caso de estado-limite na história da psicanálise. Tal diagnóstico parece incompatível com a assim chamada "primeira clínica" lacaniana, que se caracteriza por definir três estruturas – neurose, psicose e perversão – mutuamente excludentes, definindo-se cada uma delas por um tipo de negação (*Verdrängung*, *Verwerfung* e *Verleugnung*, ou seja, recalque, forclusão e recusa). Mas, no último Lacan, com sua topologia dos nós, sugerem-se outras saídas, além da psicose para o caso da *Verwerfung* ou forclusão. Com efeito, um "sinthoma" pode neurotizar o sujeito que parecia fadado à psicotização. Haveria, assim, possibilidades de combinar caracteres de diferentes estruturas psicopatológicas numa representação borromeana. Desse modo fica franqueado o obstáculo para a consideração dos estados-limite entre neuroses, psicoses e perversões na "segunda clínica" lacaniana.

Rassial retoma um conceito de Lacan: o Nome-do-Pai é a função instalada pela metáfora paterna que é proposta à criança pelo meio familiar, capaz de barrar o desejo da mãe primordial ameaçadora para o sujeito. Esse Nome-do-Pai pode ser inscrito, mas também forcluído ou recusado. Essas três operações devem ser validadas ou invalidadas na adolescência, confirmando ou não a formulação da infância. Assim, uma neurose infantil poderá ser corroborada depois, mas também anulada, dando origem a uma psicose secundária. Ou então, uma psicose infantil pode ser reiterada mais tarde, mas também invalidada por uma neurotização secundária. No entanto, se é produzida uma suspensão da validação, prolonga-se a adolescência, "fórmula possível de um estado-limite" (Rassial, 2000, p. 53), o que reflete as condições da modernidade: o declínio da função paterna e as incertezas concomitantes dos modelos, das referências e dos valores na cultura contemporânea.

Esses sujeitos, para o autor, "permitem passar de uma teoria da adolescência restrita a uma teoria da adolescência generalizada" (Rassial, 2000, p. 172), sendo "o declínio dos Nomes do Pai o motor da multiplicação dos estados-limites" (Rassial, 2000, p. 159).

Rassial chega a desenhar as figuras borromeanas dessas patologias, que compara com os esquemas das estruturas clássicas. Integra assim, na "segunda clínica" lacaniana, a dimensão histórica.

Freud trata repetidas vezes, ao longo de sua obra, da problemática da adolescência, quando, depois do período de latência, o complexo de Édipo é reanimado e intensificado e se fazem necessárias novas elaborações da renúncia incestuosa e a renovação das identificações superegoicas ligadas à interdição.

A proposta de Rassial ecoa num importante segmento da clínica atual: adultos que não abandonam a casa paterna, que não casam nem têm filhos, que não assumem responsabilidades profissionais ou que o fazem tardiamente. Estudantes que se eternizam em pós-graduações, adiando o ingresso na vida produtiva e na fundação de novas famílias. Evidentemente, não se tratam de psicóticos, mesmo que evidenciem dificuldades com a autonomia. Mas a endogamia de suas trajetórias vitais, a condição de filhos de que não conseguem se desprender, traçam um destino neurótico excessivamente óbvio, como se o conflito entre o incestuoso e o interditor estivesse evidenciado à plena luz, apenas puerilmente dissimulado.

Encontrar com tanta frequência, na clínica atual, homens e mulheres com essa problemática ainda não elaborada, poderia ser um indicador de uma modalidade contemporânea no estilo de subjetivação. Assim como a própria adolescência, como período da vida, é um invento recente de nossa cultura, os sujeitos que se eternizam nessa fase seriam, como Rassial propõe, um dos paradigmas da atualidade.

No entanto, é possível pensar em outras hipóteses. Com efeito, os neuróticos "clássicos" que Freud analisava apresentavam esses mesmos conflitos entre os desejos incestuosos e sua interdição.

Além disso, e mesmo que se reconheça o valor clínico que poderia ter a consideração de que muitos pacientes são como "adolescentes", não seria bastante adequado pensar que, assim como o século passado "inventou" a adolescência, o atual a prolongou? Não estariam os novos sujeitos, nesse caso, obedecendo a injunções culturais e, portanto, aos ideais superegoicos de sua própria estrutura psíquica, bem-conformada segundo os novos tempos?

Finalmente, Rassial atribui as novas patologias ao *declínio da função paterna*. Será necessário voltar a esse ponto central da reflexão deste autor, na medida em que se trata de uma questão que ele partilha com os analistas que serão tratados na sequência. Pode ser interessante considerá-los em conjunto numa reflexão crítica, devido a esse caráter em comum que os particulariza e, junto com eles, a uma extensa parcela da comunidade psicanalítica.

Jean-Pierre Lebrun, em *Um mundo sem limite* (Lebrun, 2002), assinala um déficit de eixos simbólicos em nossa cultura, derivado do predomínio do discurso técnico-científico, que desloca o discurso religioso. O declínio do Pai do monoteísmo refletir-se-ia, também, na *decadência da figura paterna* e isso modificaria a transmissão da organização simbólica, que não seria sustentada do mesmo modo pelo *expert* da ciência. O discurso dessa última constitui, para o autor, um conjunto coerente de enunciados, sem enunciador real, mas com autoridade de saber suficiente para predominar sobre a enunciação divina. Seria um sistema puramente simbólico, acéfalo de referente único. Enquanto o discurso da religião promovia uma organização centralizada e vertical da sociedade, o discurso da ciência estimularia uma organização com múltiplos centros e horizontal, uma sociedade sem pais.

Além disso, a ciência contemporânea povoaria o mundo real com objetos que produz e que não existiam antes e apontaria para a construção de um meio totalmente artificial. Deslocaria, assim, segundo Lebrun, o limite do possível e obturaria o espaço do impossível: correriam o risco de serem perdidos o sentido do limite e o senso comum. O saber científico, anônimo, acéfalo, hiperproduziria objetos de consumo dentro da economia de mercado neoliberal, de um modo cego. Nesse mundo de excesso, tudo seria possível. Seria como se nossa sociedade não transmitisse mais as proibições fundantes: incesto e assassinato. O pai, desautorizado, não seria mais garantia das interdições. Desordenar-se-iam as diferenças entre os sexos e as gerações, na confusão das referências simbólicas. Organizar-se-ia, assim, uma espécie de simbólico virtual, que coexistiria ainda com o original. O sujeito habitaria o limite entre os dois e poderia escolher. Isso seria capaz de levar a um déficit representacional e a uma regressão na capacidade de simbolização. Toxicomanias, alcoolismo, transtornos alimentares, violência, delinquência, suicídios, depressões, estresse etc. apareceriam em sujeitos necessitados do apoio constante do outro e do meio, que reivindicariam auxílio imediato e não desenvolveriam sentimentos de culpa.

Lebrun discorda de J. Bergeret, que considera esses estados como "estados-limites", intermediários entre a neurose e a psicose. Para ele, trata-se de neuroses que ainda não se definiram como tais. Esses sujeitos são como adolescentes e, portanto, estão num estado crônico de "entre dois": a sedução materna e a proibição paterna, o imaginário e o simbólico etc. A razão do particular espaço que esses sujeitos ocupariam seria a produção do simbólico virtual que o discurso da ciência promove: o simbólico como tal permaneceria em suspenso. O resultado seria uma adolescência que se prolongaria em uma sociedade que perdeu a referência e não prescreveria que o jovem cresça. Haveria um retorno ao imediato, às palavras-ato, ao corpo e à satisfação pulsional urgente. O aparecimento dessas novas patologias estaria estreitamente ligado a um funcionamento social que destitui a legitimidade da autoridade, seja de pais, mestres, políticos ou outras figuras de liderança. Redobrar-se-ia a mãe, e não se sustentaria a intervenção do terceiro paterno. Assim, se dessimbolizaria e não se imporiam limites ao imaginário.

Como se pode advertir, Lebrun conserva como referência básica o Lacan "clássico", de predomínio do simbólico sob a égide do Nome-do-Pai. Sua hipótese sobre as novas patologias afirma que são neuroses que ainda não se definiram como tais, suspensas no espaço de uma adolescência sem fim. Mesmo partindo de problemáticas diferentes, Lebrun compartilha algumas das premissas e das conclusões de Rassial. De fato, para ambos, está em jogo o declínio da função paterna de interdição que não consegue pôr um fim ao conflito em jogo com os desejos incestuosos. A estrutura permanece edipiana e, portanto, potencialmente neurótica, mas não se define, prolongando uma adolescência crônica.

Charles Melman, em *Novas formas clínicas no início do terceiro milênio* (Melman, 2003), sublinha as transformações na cultura ocidental que estariam na base de questões clínicas novas, colocadas a partir das toxicomanias, das depressões, das histerias, das psicoses etc. Esses quadros estariam ligados a diversos traços característicos da modernidade, verdadeiras mutações culturais em curso.

A primeira delas é o que ele denomina "forclusão do Outro". A contemporaneidade seria pautada pela prevalência do diálogo horizontal com o outro, o semelhante. Tal característica estaria ligada à queda das grandes ideologias que prometiam transformar a sociedade. Ao mesmo tempo, o desenvolvimento da economia liberal convidaria a transpor todas as restrições ao gozo, que vinham do Outro. Abolir esses empecilhos seria equivalente a aceitar o excesso e acabar com os limites à satisfação. Isso também significaria fazer cair em descrédito o Nome-do-Pai, determinando a falência da função paterna. Segundo Melman, o declínio dessa função já teria começado no século XVIII, quando novos valores burgueses ligados ao enriquecimento tornaram ridículos aqueles ligados à figura paterna: honra, dignidade, respeito à lei. E, finalmente, para completar o quadro, a tecnologia dominaria a reprodução, e já não se precisaria de deuses ou de rituais para assegurar a fecundidade. Também não se precisaria, para isso, de um pai.

A segunda mutação cultural estaria determinada pela passagem do gozo fálico, que condena a gozar com o semblante do objeto, ao gozo objetal, que permite usufruir o próprio objeto real, mesmo que este seja parcial (pênis e objetos orais, anais e escópicos). Esse tipo de gozo seria unissex e isso favoreceria a bissexualidade.

Essas duas mutações, para Melman, determinariam a constituição de grupos sociais de semelhantes, grupos homogêneos ameaçados pela alteridade. Seriam gangues a se isolar de um inimigo comum. Essa seria a referência, e não um ancestral compartilhado, em posição de superior. Gozo objetal, então, mas também narcisista, desde a torcida de futebol aos grupos que defendem folclores e regionalismos. O sujeito atual, que já não receberia suas mensagens do Outro, obtê-las-ia do consenso social, horizontal. E tal consenso designaria o objeto real como capaz de satisfazê-lo. Todos os gozos seriam considerados bons e estimulados. Mesmo na vida política, aquele que recusasse ideias, reivindicações, projetos, seria ele próprio rejeitado. Isso determinaria o fim da política e o início de uma nova forma de organização que não estaria já ligada a um pai, a um chefe, a uma ideologia que funcionasse como ideal superior. Tratar-se-ia da partilha em comum dos objetos.

O contexto teórico de elaboração de Melman é semelhante aos de Lebrun e Rassial, mesmo que debata com argumentos diferentes. Mas o que é central é que também ele coloca no centro do sofrimento psíquico contemporâneo a decadência da função paterna.

Inferências: a orfandade de pai

Deixando de lado as considerações de Miller, que recorta um contexto teórico muito diferente, é possível compor um conjunto relativamente homogêneo a partir de Rassial, Lebrun e Melman. Uma indicação aparece de forma relevante:

o complexo de Édipo adquire, para eles, na atualidade, uma modulação particular que difere do padrão original. De fato, para os autores citados, o polo interditor dos desejos incestuosos encontra-se enfraquecido na família, na sociedade, na cultura. Para Rassial e para Lebrun, ainda inscreve as proibições fundantes, remitindo os sujeitos à neurose, mas o conflito edipiano não termina de ser decidido na cristalização das identificações superegoicas que deveriam dissolvê-lo e impedir seu retorno, mesmo às expensas do recalque e das formações de compromisso, como acontece nas neuroses "clássicas". O sujeito permanece oscilante, preso na direção da endogamia incestuosa e, ao mesmo tempo, afetado por uma interdição que não tem poder suficiente para inclinar o fiel da balança no sentido da renúncia.

Para Melman, o mesmo determinante, ou seja, a decadência da função paterna, tem um efeito ainda mais nefasto, condenando a humanidade a um destino de perversão generalizada.

Este livro concorda com os autores citados quando afirmam que o estilo de produção subjetiva centrado na figura paterna potente tende a desaparecer. No entanto, põe em causa o fato de eles não considerarem a possibilidade de existirem outros modos de subjetivação ainda determinados pelas proibições fundantes, à custa de novos poderes alternativos e complementares do pai e de sua função, como polo interditor. Pelo contrário, para Rassial, Lebrun e Melman, cabem somente duas alternativas: ou os sujeitos são constituídos como antigamente ou estão fadados à desintegração, à loucura, à perversão. No melhor dos casos, habitarão o limbo da adolescência generalizada.

Esse ponto de vista para pensar os processos de subjetivação não corre o risco de ser saudosista e anti-histórico?

Não seria anti-histórico por não levar em consideração as mudanças culturais que se registraram nos últimos séculos. Pelo contrário, os autores analisados ocupam-se extensamente delas e as colocam em espaços causais privilegiados. Mas, parecem considerar que os sujeitos moldados a partir de uma figura paterna soberana são os únicos consistentes e verdadeiros, aqueles que se deveria poder recuperar, tarefa que se perfila como impossível num universo cultural pós--patriarcal. Mesmo assim, eles tentam fazê-lo: será a análise o espaço proposto para refundar as subjetividades legítimas. Ali seriam consertados os ossos do pai que a tecnociência e o gozo liberal quebraram. O analista-ortopedista engessaria as proibições fundantes e seu agente paterno na transferência.

Mas de que material está constituído o analista? Quando se pensa em Freud, pode-se notar claramente que ele se considera construído do mesmo estofo que seus pacientes. Assim, nas cartas a Fliess, autodiagnostica-se repetidas vezes como histérico. Rassial, Lebrun e Melman consideram-se adolescentes *borderline* ou perversos? Se a culpa das novas misérias psicopatológicas é da desfalecente função paterna, eles não sofreram "em psique própria" as consequências? Constituiriam uma gerontocracia vinda dos tempos em que ainda operava a potência do pai e que se autorizaria a restaurar os valores antigos, ou talvez teriam consertado, em análises protéticas, seus déficits fundantes, ficando isentos dos efeitos funestos da decadência da função paterna?

Pior que o poder paterno

Foucault afirma, no primeiro volume da *História da sexualidade*, que no interior do Poder Soberano se desenvolve o dispositivo da aliança que visa ao aumento da população no regime rigidamente ordenado da família patriarcal, bem como o regula. Com a decadência do Poder Soberano e a constituição do Poder Disciplinar, ou biopoder, o novo dispositivo da sexualidade instila-se na família patriarcal, subverte a ordem e acaba com as regras estritas sobre o permitido e o proibido, enquanto estimula a sexualidade e os prazeres.

A figura central da família patriarcal organizada pelo Poder Soberano, ou seja, o pai e sua autoridade, que sustenta a normativa da aliança, desintegra-se junto com ela, falto de todo suporte social[17]. Simultaneamente, dissolve-se todo um sistema de normas e de valores, familiares e culturais, arrastando com ele os modos de subjetivação baseados na preeminência paterna. Lebrun, Rassial e Melman trabalham as consequências dessa reviravolta. Mas o fazem a partir do ângulo da falta, do déficit, e da orfandade pelo pai morto, e não a partir do relevamento dessa figura por novos poderes que a substituam e sustentem as proibições fundantes.

Deve-se pensar numa decadência da potência paterna que inauguraria uma cultura do *laissez-faire* total, em que tudo seria permitido? Isso seria supor que, porque não funciona o Poder Soberano, não funciona poder algum com capacidade de moldar as novas subjetividades. Algo disso se encontra nas entrelinhas dos autores citados, como se o hedonismo e a falta de toda normativa fossem a regra.

Para rebater esse ponto de vista é importante lembrar que Foucault fala da decadência de um poder, mas como efeito da instalação de outro, o biopoder, que cerca os sujeitos muito mais de perto e os coloniza desde o interior.

---

17 Sobre a questão, ver Roudinesco (2002).

As "disciplinas", ou instituições formais e informais da sociedade (escola, quartel, fábrica, empresa, cárcere, mídia, propaganda etc.), tomam sobre si a tarefa de constituir as subjetividades, que ficam sujeitas a um controle constante. As normas e os valores patriarcais perderam sua potencialidade constitutiva. Mas não ficou, no lugar que ocupavam, um espaço anômico. Pelo contrário, novas legalidades e conjuntos axiológicos organizam a vida cultural e as constituições subjetivas nas sociedades contemporâneas nas que impera o biopoder, próprio das culturas disciplinares e de controle. E, o mais importante, *a proibição fundante que interdita o incesto* continua a ter validade, tal como se afirmava repetidamente na Introdução a este livro, com apoio nas hipóteses de Foucault.

Um aprofundamento e uma continuação da importância dos efeitos desse biopoder encontra-se em G. Agamben (2002), interlocutor de, entre outros, M. Foucault, H. Arendt e W. Benjamin.

Agamben descreve o *"homo sacer"* como aquele que, na Antiguidade, e devido ao fato de ter atentado contra as mais importantes interdições da cultura, carregava o peso da *exclusão* soberana de toda sociedade humana, "vida matável (qualquer indivíduo podia assassiná-lo sem sofrer punição alguma) e não sacrificável" (em rituais religiosos, dos quais não era digno). Estava condenado a ser mera vida nua, sem qualidade humana, *"zoe"* (termo que expressava a existência da vida natural, comum a homens e animais) e não *"bios"* (a vida qualificada, sociopolítica, do cidadão que pertence à *polis* e participa dela). Assim, *o homo sacer* arrastava sua existência fora do mundo dos homens e dos laços sociais, se conseguia não ser morto, já que qualquer um tinha o direito de cometer homicídio contra ele sem ser punido.

O biopoder, na modernidade, incluiu de modo mais absoluto essa vida natural, a *"zoe"*, nos seus mecanismos políticos, ou seja, no centro da *"bios"*. Assim, já não é só a quantidade, mas a qualidade e a saúde da população, sua "biologia", aquilo que permitirá o avanço do capitalismo. Por isso, o indivíduo enquanto corpo vivo passa a ser objeto das estratégias políticas: campanhas de vacinação e de higiene, saneamento, regras de vida saudável, controle da mortalidade infantil etc. irrompem na vida dos cidadãos, criando os "corpos dóceis" de que o poder disciplinar necessita. Perfilam-se, a partir desse biopoder, duas possibilidades opostas, mas ambas inspiradas nesse tipo de inclusão da pura vida biológica do ser humano: de um lado, trata-se de proteger e de melhorar as condições da existência; do outro, sinistramente, de autorizar seu holocausto. Este último se atualiza, por exemplo, nos totalitarismos do século passado, notadamente nos campos de concentração em que judeus e ciganos eram exterminados "como piolhos", pura vida nua expulsa da humanidade. Mas também nas democracias atuais, essa figura que evoca o *"homo sacer"*, representativa de uma ameaça de exclusão absoluta, assombra a existência de todos os sujeitos e vira a punição implícita para aqueles que ousarem desafiar sua normativa. A sociedade fixa os limites e determina quais serão seus *"homo sacer"*.

> É possível, aliás, que esse limite [...] não tenha feito mais que se alargar na história do Ocidente e passe hoje – no novo horizonte biopolítico dos estados de soberania nacional – necessariamente ao interior de toda vida humana e de todo cidadão. (Agamben, 2002)

Se a hipótese de Agamben é correta, a potência de uma ameaça constante e cruel paira sobre o psiquismo de cada sujeito. Aquele que more na favela ou embaixo da ponte, aquele que não consiga trabalho ou não obtenha sucesso econômico, aquele que não cumpra as normas do convívio, ou que, talvez, simplesmente engorde, fume ou envelheça, será desconsiderado como ser humano e não se autorreconhecerá como tal. Eutanásia e eugenia o confirmarão.

Não existem dúvidas a respeito da decadência do pai como sustentáculo da função paterna. No entanto, novos poderes ocupam o palco e, portanto, novas angústias colonizam o espaço das clássicas. O homem atual não é mais livre, gozoso, anômico ou desregrado. Não existe um *laissez-faire* na cultura, um vazio no âmbito antes ocupado pela normativa paterna. Muito pelo contrário, um controle continuado já é exercido desde a vida intrauterina e se alarga ao longo da existência do sujeito, que internaliza normas e valores de uma cultura que ainda sustenta, no pináculo de sua axiologia, *as proibições fundantes* outrora suportadas quase com exclusividade pela figura paterna.

3
Habemus Superego

O contexto

No capítulo anterior discutiu-se a posição de determinados psicanalistas a respeito das causas que atribuíam às novas patologias. Na base das hipóteses explicativas desses autores, situava-se o tema da decadência da figura paterna e também, em última instância, de sua função. Esse capítulo questionava as consequências que eles extraíam sobre os sujeitos contemporâneos: hedonismo, narcisismo, déficit de simbolização, *laissez-faire*, falta de normativa etc. Levando em consideração conceitos de Foucault, assinalou-se que a relativa falência do dispositivo de poder que sustentava a autoridade paterna não significava a ausência de poder algum. A ilustração desse ponto de vista foi feita com base na exposição de hipóteses sustentadas por G. Agamben. Concluía-se que novas sujeições, angústias e ameaças assombravam as subjetividades, colonizando o espaço das tradicionais, no lugar de liberá-las.

O presente capítulo dá continuidade a essa linha de pensamento e às questões levantadas na Introdução. A função paterna interditora do incesto foi ali considerada, a partir de conceitos de Foucault, como inerente ao dispositivo da aliança, virtualmente ultrapassado. O novo poder, chamado disciplinar, desloca-o a partir do dispositivo da sexualidade. Na intersecção entre ambos recorta-se o complexo de Édipo freudiano. Estaria ainda vigente? Ou novas injunções são produzidas no mundo contemporâneo e moldam outras formas de subjetivação e outras patologias?

Considerando um recorte freudo-foucaultiano, este capítulo se centralizará numa reflexão crítica sobre os textos de alguns psicanalistas brasileiros, publicados em *Soberanias*, organizado por M. Arán, livro que reúne as contribuições dos participantes de uma jornada do Espaço Brasileiro de Estudos Psicanalíticos, em abril de 2002. Também será levada em conta outra publicação, *Psicanálise e formas de subjetivação contemporâneas*, coordenada por Teresa Pinheiro, que inclui perspectivas teóricas e preocupações em sintonia com as do texto citado em primeiro lugar. A originalidade desse ponto de vista muito deve à proposta de uma releitura de Freud e do estruturalismo lacaniano a partir de outros autores, notadamente Foucault. Mas não se esgota nele. Deleuze, Derrida, Agamben, Blanchot, Bataille, Hardt, Negri, Zizek, entre outros, também são seus interlocutores.

Um elemento importante está presente nos analistas que participam das coletâneas citadas: também eles registram e destacam que o poder paterno definhou. Mas não existe tom de lamento nem tentativas de restauração saudosistas. Também não deduzem da decadência paterna um vazio de poder. Antes bem, alguns deles se interessam em esboçar as figuras que ocupam os espaços antigamente exclusivos do pai, mesmo que nem sempre considerem que as novas potências são garantia de modos de subjetivação sustentados nas proibições fundantes.

Os autores

Em "Reviravoltas na soberania" (Birman, 2003), _Joel Birman_ pesquisa os efeitos das mudanças no âmbito da soberania sobre as formas de subjetivação contemporâneas. Segundo ele, se no estado absolutista o poder era do rei, na modernidade passou a ser exercido pelo povo organizado democraticamente. Já em nosso mundo globalizado, não existiria uma fonte única de poder. Os estados, os políticos, os capitais voláteis, as organizações da sociedade civil, as redes de comunicação etc. seriam outros tantos centros de poder a conformar uma pluralidade de soberanias que exerceriam suas forças simultaneamente. Assim como a majestade do rei, também o poder do pai foi perdendo-se: de absolutista a democrático, acabou esvaindo-se na multiplicidade. Na visão de Birman, já não seria possível, para as subjetividades em formação, contar com o recurso a um foco central e unitário de autoridade. O Outro hierarquizado na vertical cedeu seu espaço aos "outros" no plano horizontal. Diante do desamparo, cabe a possibilidade de fazer do semelhante um superior, reinventando a proteção perdida às custas da servidão masoquista e da perda da autoestima que redunda em depressão. Ou, então, suportar o desamparo e aceitar que só existem "outros", para desenvolver a fraternidade e a amizade nos laços com os semelhantes.

Para esse autor, a situação de desproteção subjetiva pela perda da soberania centralizada provocaria mal-estar de origem traumática, devido à invasão da angústia automática diante do déficit de simbolização. Existiria um excesso de estimulação. O recurso seria a descarga. Esta não se produziria no registro psíquico, incapaz de dar conta da tarefa, mas sim nos registros do *corpo* (somatizações, como o pânico e a fadiga crônica, e também explosões de violência), da *ação* (compulsões alimentícias, dietas, consumismo, uso de drogas legais – psiquiátricas, estimulantes, analgésicos – e ilegais, passagens ao ato em geral), e do *sentimento* (distimias com exaltação e depressão, depressões, vazio). A fragmentação psíquica seria incrementada pelo excesso de estimulação, e o modelo conflitual da subjetividade, ligado ao recalque, não se sustentaria. O pensamento se suspenderia e os registros do corpo, da ação e do sentimento monopolizariam a cena. A simbolização se empobreceria e, junto com ela, a linguagem (Birman, 2004). Portanto, a temporalidade, como antecipação e colocação em funcionamento da angústia sinal, que impediria o desenvolvimento da angústia automática, também ficaria impossibilitada. A compulsão à repetição resultaria insuficiente, devido à pobreza da simbolização, ao excesso de estimulação traumática e à viscosidade na adesão aos objetos.

A solução poderia residir na procura de laços alteritários horizontais, para assim sair do pânico pela falta da proteção hierarquizada. Para Birman, não estaria em jogo o "outro" constitutivo da subjetividade como Outro simbólico da linguagem, nem como outro imaginário da captação especular. Tratar-se-iam dos outros do poder, múltiplos e descentrados, mas, mesmo assim, recursos possíveis para a subjetivação.

Pode-se inferir que, para Birman, não existe a menor possibilidade de se recuperar a formulação clássica do Édipo freudiano, já que, como o poder de Deus, também o poder do pai definhou. Restam os órfãos traumatizados pela dor, que poderão subjetivar-se na fraternidade e na amizade ou cair na barbárie: "A animalidade dolorida pode ser atendida sem pedir nada, no jardim das delícias promovido pela medicalização da dor" (Birman, 2004, p. 193).

Birman desenvolve seu pensamento na interlocução com Foucault, Derrida, Agamben etc., questionando-se sobre como poderá ser construída a subjetividade pós-moderna no seio das múltiplas soberanias descentralizadas do Império, nova ordem mundial globalizada. Com relação a algumas das novas psicopatologias, sua pesquisa leva-o a descrevê-las como neuroses traumáticas, atuais e mistas, que não se desenvolvem no campo da simbolização.

Jô Gondar (Gondar, 2003) estrutura seu trabalho a partir de coordenadas traçadas desde Freud, Lacan, Foucault, Deleuze, Hardt, Negri, Zizek e Ehrenberg. Assim, ela discrimina uma sociedade disciplinar e outra, atual, de regulamentação ou controle, que se faria mais evidente a partir de meados do século XX. Na primeira, os mandatos partiriam das instituições (família, escola, fábrica, prisão, hospital) e moldariam padrões estáveis de subjetivação e transgressão. Na segunda, a lógica disciplinar transbordaria das instituições e se generalizaria para todo o âmbito social por meio de redes flexíveis e sem centro de poder, que não deixariam lugar para a transgressão. O Império seria um espaço homogêneo habitado por subjetividades sem resistência nem conflitos. Os mandatos não poderiam ser objetados, já que as tentativas de fazê-lo seriam incorporadas pelas instâncias ordenadoras, fortalecendo-as. Assim, o controle não limitaria: incitaria, incorporaria, expandir-se-ia. Moldaria assim um superego imperativo, que desconsideraria a dimensão desejante, o princípio do prazer e a lei. Não estabeleceria fronteiras à satisfação pulsional desregrada: explorá-la-ia e se alimentaria de sua força para impor um agir por dever que daria origem a compulsões. Não se configuraria um sujeito do inconsciente, nem existiria endereçamento a um Outro, nem fantasmas que outorgassem sentido aos sintomas. Tratar-se-iam de modos de subjetivação que não se construiriam pelo recalque. Apesar disso, as compulsões, as depressões, as manifestações psicossomáticas expressariam uma espécie de resistência às injunções superegoicas: seriam tentativas de singularização, "transgressões brancas" ou "linhas de fuga", às vezes autodestrutivas. No campo transferencial, esses "lampejos desejantes" poderiam adquirir consistência e abrir espaço para a transmutação da atuação autodestrutiva em afirmação de um modo de vida. Na análise, o analista deveria mais construir que interpretar. Tratar-se-ia de uma clínica de produção do desejo.

M. C. Antunes e *T. Coelho dos Santos* (2003) perguntam-se se Foucault não terá sido o "interlocutor oculto" do último Lacan. Elas fazem a leitura deste último a partir de conceitos derivados do primeiro.

Lembram que Freud compreende o mal-estar dos sujeitos como derivado da renúncia ao gozo, com a lei de proibição do incesto. A falta em gozar redundaria na dependência do significante e do fantasma. O Lacan do *Seminário VII* sustentaria essa mesma posição. Já no *Seminário XVII*, introduziria o "mais de gozar" em suplência à interdição do gozo fálico, e que seria promovido para além do Édipo e da proibição do incesto. Em Foucault, o interdito corresponderia ao dispositivo da aliança, assim como o "mais de gozar" estaria ligado à incitação do desejo incestuoso, a partir do dispositivo da sexualidade.

No Seminário XX, Lacan enunciaria as fórmulas da sexuação. As autoras reinterpretam ali um predomínio da lei da aliança do lado masculino e do dispositivo da sexualidade do lado feminino. É no campo desse último, em que aparece a lógica do "não toda", que deveriam ser apreendidos os novos sintomas psicopatológicos, bizarros, singulares, difíceis de classificar. É essa lógica, e não a fórmula edipiana, aquilo que estaria na base do funcionamento do inconsciente contemporâneo. Tratar-se-ia do domínio do imperativo do gozo (dispositivo da sexualidade) e não o da renúncia (dispositivo da aliança). Daí o excesso, o abuso, a separação do circuito das trocas simbólicas. Isso é o que faria passar da angústia ao pânico, do hábito ao vício, do gosto à compulsão, do prazer à saciedade. Esses novos sintomas seriam as novas subjetividades.

Pode-se assinalar alguns interlocutores em comum nos autores tratados e, ao mesmo tempo, uma clara diversidade das conclusões com relação às novas patologias: neuroses traumáticas, psicoses, subjetivação na linha de um feminino generalizado. No entanto, ao mesmo tempo, é possível recortar um ponto de vista compartilhado por todos eles: as subjetividades contemporâneas se situariam, total ou parcialmente, fora da simbolização, do atravessamento pelas proibições fundantes da cultura, que foi garantido outrora pela função paterna agora ultrapassada por novos dispositivos de poder. As hipóteses expostas por esses autores serão retomadas no item "Novos poderes e o complexo de Édipo" deste capítulo. Ali, eles serão os interlocutores.

Outra leitura

Antes de dialogar com os autores que se acaba de sintetizar, parece necessário organizar um percurso por determinados pontos de vista de alguns dos pensadores que presidem parte dos supostos explícitos nos textos trabalhados.

Slavoj Zizek (1999) pergunta-se por que a decadência da autoridade paterna, que deveria deixar-nos mais livres, é substituída por novas sujeições, culpas e angústias. Segundo seu ponto de vista, isso se deve ao fato de nossa sociedade pós-moderna, que parece ser sumamente permissiva e incentivar a procura do prazer, estar infestada de regras e de normas de índole especial. Não proíbem: falam em nome do bem-estar e da qualidade de vida. Comer em excesso, alimentar adições, ser intolerante política, racial ou religiosamente, odiar, atentar contra a coexistência pacífica não são possibilidades proibidas e punidas a partir de uma autoridade paterna que exige cumprir uma normativa, goste-se ou não dela. O velho ditado espanhol "A letra entra com sangue" seria considerado bárbaro, e as pessoas são "motivadas" a fazer o que devem fazer. Parece ser oferecida uma livre escolha, mas se dá uma ordem e se manda gozar com seu cumprimento. É com verdadeiro prazer que se será abstêmio, esportista convicto ou politicamente correto. O sujeito, aparentemente livre para escolher e remodelar racionalmente sua subjetividade, é profundamente submisso a um superego pessoal que responde a um mandato cultural de gozar com o dever. É necessário divertir-se, curtir a vida, transformar a norma em prazer; e se surge o sentimento de culpa, é porque não se é feliz. A ordem de achar o bem-estar ao cumprir todas as regras coincide com o dever de sentir prazer nessa sujeição.

A interessante referência de Zizek ao que define como "superego pós-moderno" está em franca oposição à voz corrente de que o "vale-tudo" permearia a cultura contemporânea, uma vez desaparecida a autoridade paterna proibidora. Ao contrário dos que, como Melman, predicam uma espécie de perversão generalizada dos sujeitos atuais, o homem de Zizek é a caricatura de uma espécie de obsessivo, bonzinho, esforçado e obediente. Não se deixa de encontrá--lo amplamente representado na clínica, às vezes suspeito de cultivar a paixão da formação reativa. Não está em jogo um gozo livre e anômico. Pelo contrário, trata-se do dever, da regra, da norma, por mais prazer que se obtenha em seu cumprimento. Com efeito, o sujeito que ele descreve está absolutamente submerso na cultura, escravo de um supe-rego ardiloso que oculta seu domínio.

G. *Deleuze* (1992) retoma Foucault: as "sociedades de soberania" sucederam, a partir do final do século XVIII, as "sociedades disciplinares". Estas últimas delimitaram os grandes meios de confinamento. Espaços fechados, hetero-gêneos entre si, cada um com suas idiossincrasias norma-tivas. A família, a escola, a fábrica, a caserna, o hospital, a prisão organizaram moldes, normas, percursos axiologica-mente ordenados para os sujeitos. Para Deleuze, as socie-dades disciplinares entraram em crise depois da Segunda Guerra e, no seu lugar, foram instalando-se as sociedades de controle. Novas liberdades apareceram no âmbito cultural, mas também se desenvolveram métodos de fiscalização dos sujeitos, piores que os mais severos confinamentos: "Não se deve perguntar qual é o regime mais duro ou mais tolerável, pois é em cada um deles que se enfrentam as liberações e as sujeições" (Deleuze, 1992, p. 220).

M. *Hardt* (2000) retoma a proposta deleuziana da vigên-cia atual das sociedades de controle e a desenvolve. Segundo ele, essa passagem do disciplinar ao controle encontra equi-valências em outros pensadores: seria análoga à transfor-mação da sociedade moderna em pós-moderna (Jameson), da história ao fim da história (Fukuyama) etc. Trata-se da transição do imperialismo ao Império, nova ordem mundial globalizada. As instituições das sociedades disciplinares (família, escola, fábrica etc.) entram em crise, e os muros que cercavam os diferentes confinamentos caem. O espaço coletivo deixa de ser estriado e passa a ser homogêneo. A lógica normativa e os sistemas axiológicos que funcionavam nesses âmbitos fechados não se extinguem. Pelo contrário, generalizam-se para todo campo social. De extensivas e parciais, passam a ser intensivas e globais. As subjetividades, que antes eram constituídas no seio das instituições, agora são moldadas, desmoldadas e remoldadas no interior das sociedades de controle, que aprofundam e generalizam as normativas e valores disciplinares. Promovem um processo de "formação permanente" que abraça a vida inteira do sujeito. Assim, ele estará sempre no seio da família, da escola, da empresa etc., submerso em seus sistemas axiológicos, e isso na dimensão da simultaneidade.

Tanto Zizek como Deleuze, e especialmente Hardt, são unânimes em afirmar que o homem atual não é mais livre do que antigamente, bem como em dar as razões para isso e para o fato de estar muito mais profunda e continuamente exposto às injunções da cultura e imerso nas suas normas e valores. Não é somente que as interdições fundantes continuam atuando: intensificou-se e se ampliou seu domínio, tal como Hardt o enunciara.

Novos poderes e complexo de Édipo

Retornando ao argumento que norteia este capítulo: a decadência do poder paterno não significa que não atue, na cultura, poder algum capaz de sustentar as proibições fundantes. A afirmação é central para o que vem sendo desenvolvido devido ao fato de que, sem função paterna, não haveria Édipo, e isso obrigaria a concluir, sem mais, que os modos de subjetivação atuais e que as patologias derivadas precisam ser lidos fora dele. No entanto, que é o Édipo senão uma forma, historicamente datada, de exercício do poder?

Na Introdução, definia-se o complexo como "fábrica de subjetivação sexuada", além de qualquer anedota triangular. Assim, falou-se do Édipo em *sentido amplo*, como imposição de uma lei de proibição do incesto que obriga à renúncia, à circulação na troca e ao estabelecimento do laço social.

Desse ponto de vista, podemos admitir que no espaço antes ocupado pelo patriarcado (nas sociedades de soberania) atuam hoje outros determinantes (nas sociedades disciplinares e de controle), tanto a partir das instituições formais e informais da sociedade como a partir da implosão de seus muros, com a consequente generalização de seus sistemas axiológicos e normativos que homogeneízam o âmbito da cultura. No entanto, esses não desobrigam da renúncia incestuosa, da troca e do laço social, os sujeitos que constituem. As novas potências continuam a arrebanhar infantes e a transformá-los em sujeitos úteis para os objetivos sociais, colonizados pela cultura, mesmo que sejam cunhados como tais a partir de dispositivos não patriarcais. Os argumentos resenhados neste capítulo e no anterior, a partir de Agamben, Zizek, Deleuze e Hardt, apoiam as hipóteses recém-expostas. Isso equivale a afirmar a vigência do complexo de Édipo *em sentido amplo*, sustentado pela função interditora do incesto.

Mas também no âmbito do complexo de Édipo em *sentido estrito* existem razões para admitir a possibilidade de sua presença e validade. A seguir, examinam-se algumas delas.

a. Na Introdução, o conceito de complexo de Édipo foi considerado uma teorização construída sobre o espaço de interseção do que Foucault chama de dispositivos da sexualidade (desejo incestuoso) e da aliança (lei de proibição). Tratar-se-ia de uma conflitiva que reflete os efeitos subjetivantes dos poderes soberano e disciplinar dos que dependem os dispositivos citados, na confluência entre ambos. A hipótese sustentada na Introdução era a de que se continuava a estar situado, na contemporaneidade, nessa confluência, e que, portanto, o poder patriarcal não estaria ainda totalmente liquidado, e sim profundamente questionado ou até mesmo estilhaçado. Se considerarmos, ainda, as reflexões de Hardt, também o poder patriarcal, como toda instituição que entra em crise, generaliza-se e expande por toda a cultura sua normativa e seus valores, fora de seu âmbito originário.

b. O terreno em que se desenvolve o complexo de Édipo é, originariamente, o da família. Esta é, provavelmente, a instituição mais "atrasada" e híbrida. Enquanto os outros "espaços de confinamento" (escola, mídia, quartel, fábrica, hospital, prisão) foram criações genuínas e puras das sociedades disciplinares, a família já existia nas antigas sociedades de soberania e mesmo antes delas. Sem dúvida alguma, foi amplamente remodelada e se podem estabelecer profundas diferenças entre a família patriarcal, a nuclear e a reconstituída de nossos dias. Igualdade parental, ausência de hierarquias, circulação de mães e pais sucessivos caracterizam essa última. Mas suas funções (proteção e cuidados, libidinização e circulação dos afetos, primeira socialização e limites, transmissão das proibições fundantes, etc.) continuam bastante estáveis, mesmo que se revelem conflitantes com determinados valores da contemporaneidade. Trata-se de um enclave no seio da sociedade pós-moderna. O "atraso" relativo e o caráter híbrido da família como instituição disciplinar alertam para a presença de uma fonte permanente de reprodução da fábrica edipiana. As funções materna e paterna continuam a ser exercidas, mesmo que se abstraiam das mães e dos pais concretos e que eles distribuam, entre si e com outras pessoas e instituições (babás, creches, escolas, mídia etc.), seus ofícios, fora das ortodoxias.

c. Muitos autores, dentro e fora da psicanálise, fazem referência ao fim das hierarquias na cultura contemporânea, efeito da desagregação do poder patriarcal. O monarca, a autoridade divina e o *pater familia* desapareceram do campo político e ideológico. Essa situação teria organizado um horizonte de igualdade democrática e de laço social desenvolvido na horizontal, com exclusão da dominação vertical. Tal contextualização provoca a ilusão de que não atua poder algum na nossa cultura e de que só o consenso norteia os destinos dos sujeitos. Mas, mesmo que se aceitasse essa afirmação, não se poderia deixar de fazer uma ressalva: ainda existe um espaço para a hierarquia e esse é, sem dúvida, o da infância. A começar pelo fato de que as crianças, que outrora compartilhavam com as mulheres o *status* jurídico de "dependentes" do poder parental, agora ficaram solitárias nessa posição. E ninguém se escandaliza por isso, nem organiza equivalentes de movimentos feministas para acabar com a situação. Não poderia ser de outro modo, dada a ausência real de possibilidades de valer-se por si próprias nos primeiros anos de vida. É dever jurídico dos pais assisti-las. Por mais respeitosos e democráticos que possam ser os adultos da família e de seu entorno, e mesmo que ninguém as mande calar a boca e obedecerem, existe uma hierarquia explícita entre o adulto e o infante. Um poder se exerce inevitavelmente. A criança é humanizada, educada, socializada, alimentada, ensinada a amar, a falar, a escrever. Ela já nasce organizada num espaço que cria um laço social na vertical, que será interiorizado. Sobre isso, pode-se lembrar o que afirmou Freud: "Quando pequenos, essas entidades superiores foram, para nós, notórias e familiares, nós as admirávamos e temíamos; mais tarde, acolhemo-las no interior de nós mesmos" (Freud, 1923b, cap. 3, p. 37). É sabido que ele chamou de superego essa instância, e a própria denominação é uma afirmação da existência da hierarquia, de uma relação interiorizada que não poderá rotar da vertical para a horizontal. Esse espaço do "superior", assim incluído no psiquismo pela via das identificações, fica aberto para as futuras influências que, a partir da cultura, ordenam os estilos de subjetivação.

Em síntese: o peculiar espaço de interseção entre dispositivos novos e antigos que a conflitiva edipiana descreve, mais a particular posição da família como instituição híbrida entre poderes historicamente heterogêneos e, em especial, o desnível incontornável entre adultos e crianças, interiorizado na constituição subjetiva, convidam à prudência. Não é possível descartar a permanência de algumas das condições que tornam possível o Édipo *em sentido estrito*.

Depois dessas considerações, é possível retornar agora ao ponto principal das hipóteses expostas. No espaço antes ocupado pelo pai, como representantes podem atuar outras influências capazes de sujeitar os indivíduos às proibições fundantes e de cristalizar novas modalidades de subjetivação e de laço social.

É necessário, em primeiro lugar, refletir sobre qual o valor da função paterna em sua versão clássica, a partir de uma vertente psicanalítica. A pulsão caracteriza-se por não ter objeto. Ao longo da infância, acaba ligando-se ao objeto incestuoso, ligação que adquire a consistência de uma fixação na renúncia imposta pela função paterna. Recalcado, o desejo aponta para o alvo proibido e circula, necessariamente, à procura de substitutos. Estes não são aleatoriamente escolhidos, e sim presididos pela mesma função que proibiu o objeto originário. O sujeito, desejante e comandado ao mesmo tempo, ancora firmemente no mundo humano com o qual estabelece laços libidinais destinados à incompletude que marcou o fracasso originário. A função paterna é barreira, mas também é guia que orienta o *infans*, estranho no ninho da cultura, para encontrar meios prováveis, mesmo que limitados, rumo a um horizonte de relativa satisfação pulsional. Essa função trabalha propondo um percurso possível, mais ou menos coerente com o modo de funcionamento específico da cultura em que opera.

Olhando com certa distância, trata-se de estabelecer uma ponte entre o real da pulsão e o simbólico da cultura, descontínuos e com legalidades diferentes. Dessa perspectiva, o "pai" vem a suprir relativamente o déficit de adequação fundamental entre o recém-nascido e o mundo em que deverá viver. Em troca da renúncia incestuosa, propicia uma espécie de fórmula, ou anzol, ou senha de ingresso, para se internar na circulação humana do entorno.

Se a função paterna é forcluída, a ancoragem nesse mundo não se efetuará facilmente, como acontece na psicose. Neuróticos e perversos, ao contrário, transitam por ele, mesmo que invadidos pelo mal-estar.

Nada impede, de um ponto de vista lógico, que a história humana constitua outras "senhas de ingresso" diferentes das do pai para incluir os indivíduos na renúncia e no estilo característico de determinada época. Como essa inclusão é relativa, dada a descontinuidade entre o real e o simbólico, haverá também mal-estares específicos, próprios dessas formas de sujeição. Talvez não se tratem já de perversões, neuroses e psicoses, já que todas elas se ancoram na função paterna, mas o sofrimento e a revolta não podem ser evitados.

Também poderia acontecer que, no lugar de um único método de inclusão na cultura (a função paterna, o Nome--do-Pai ou algum outro funcionalmente equivalente), existissem vários métodos simultâneos. Imagine-se um romance de ficção científica no qual se descrevessem modalidades diferentes para setores determinados de uma população. Na verdade essa ficção já foi escrita (Huxley, 2001) e fala dos Alfas, dos Betas, programados biologicamente. Mas, voltando à realidade: até certo ponto, isso também acontece numa cultura tradicional. De fato, o masculino e o feminino apresentam diferentes ancoragens, definidas longamente nas fórmulas da sexuação lacanianas, que atribuem ao primeiro a sujeição mais completa ao significante fálico, e deixam para o segundo a definição de "não toda" em relação a ele. Mesmo no caso das psicoses, que pela forclusão do Nome-do-Pai se excluem da cultura tradicional, cabe a possibilidade da instauração de uma ancoragem diferente que insira o sujeito em algum tipo de laço social, mesmo que não seja o dominante.

Mas também se poderia pensar na decadência do patriarcado e – lembrando Deleuze e especialmente Hardt – supor que, quando uma instituição desmorona, sua normativa e valores se multiplicam e generalizam. No lugar de um pai principal e centralizador (encarnação do mito, a crença, o senso comum, os costumes), poderíamos ter uma multiplicidade deles. Talvez seja abusivo falar de "Nomes do Pai" para esses modos de sujeição e seria útil inventar-lhes nova denominação. Também seria útil dar outro nome à função paterna, já que, assim denominada, evoca uma visão patriarcal da teoria psicanalítica. Afinal, trata-se de assinalar a falta do único recurso, o pai, que existia outrora. Mas, ao mesmo tempo, falar na multiplicidade, inconsistência, relatividade da função que insere os sujeitos na cultura não significa outra coisa que dar crédito à persistência dessa função, levando em consideração os efeitos de subjetivação produzidos pelo fato de que os sistemas normativos e axiológicos que lhe eram inerentes espalharam-se pelo âmbito cultural inteiro.

Essa observação parece importante para sublinhar que não se trata de afirmar ou de pressupor que atualmente todo mundo é psicótico e delirantemente encontra seu próprio, pessoal, bizarro e original estilo de constituir sua vida. No lado oposto, também não se trata de fazer um inventário racional dos modelos possíveis e de escolher na base do livre arbítrio. Continua-se a estar atravessado pelas injunções da cultura. Também os sujeitos "individualistas" ou "narcisistas", que são tão amplamente descritos na literatura psicanalítica como protótipos da contemporaneidade, não fogem dessa determinação. No lugar de pensá-los como seres retraídos, incapazes de estabelecer laços sociais, talvez devêssemos considerá-los como os mais ligados, já que são os mandatos de uma cultura, que incentiva e fomenta o individualismo e o narcisismo, que eles refletem com seu estilo de subjetivação. Não se trata de déficit na simbolização, nem de falta de constituição superegoica. O mesmo raciocínio se aplicaria, talvez, a algumas das vítimas de neuroses traumáticas, porque não constituíram um aparelho psíquico capaz de dar conta dos excessos de estimulação e, portanto, ver-se-iam obrigadas a descarregar tais superávits diretamente, pela ação, pelo corpo ou via distimias, já que não dispõem dos recursos outorgados pela simbolização, o pensamento e a linguagem. O fato de que tais neuroses traumáticas possam ser organizadas em "quadros", que incluiriam "estilos" capazes de definir parcelas da população, é indicativo da possibilidade de que essas patologias não sejam recursos individuais, fora da simbolização, para dar vazão ao sofrimento, e sim, talvez, conjuntos sintomáticos que refletem "modas" ou até padrões dependentes de injunções culturais. Do pânico à anorexia, do vício às mais variadas compulsões consumistas, as "novas doenças" podem ser testemunhas da sujeição superegoica aos mandatos atuais da cultura.

Uma última observação. No modelo freudiano, existia uma continuidade entre o "padrão de normalidade" e as diversas patologias. Não é isso o que se encontra em boa parte da literatura psicanalítica atual sobre o tema. Pelo contrário, uma vez descritas as patologias, a gente se interroga, sem resultado, sobre qual será o homem contemporâneo "normal" ou se este ainda existe. Freud afirmava que a Psicanálise podia servir para transformar a tragédia neurótica em mal-estar corriqueiro. Qual será esse mal-estar, para alguns psicanalistas? Em todo caso, não parece possível pensar nessa questão fora das injunções culturais e das determinações que subjazem a elas.

4
O Pai Nosso de cada dia

As razões para uma sintonia

No cerne do complexo de Édipo freudiano atua a proibição do incesto, norma compulsória que ordena a produção cultural dos sujeitos. Como já se assinalou na Introdução, essa interdição possui uma genealogia: não se trata de uma categoria metafísica.

Hipoteticamente, haveria inúmeras modalidades possíveis de aplicação de seu domínio. Mas na história concreta das culturas conhecidas, sua consolidação parece ter sido solidária de uma forma específica que podemos denominar, grosso modo, de *organização patriarcal das sociedades*. Tal organização caracteriza-se por determinadas propriedades: o falocentrismo, a consequente valência diferencial dos gêneros e a heterossexualidade compulsória. Tanto o poder paterno como seus efeitos, em especial o predomínio do masculino e a hierarquia, assim como a divisão estrita dos dois sexos, foram culturalmente construídos. Sua identificação como injunções culturais e seu questionamento não eram possíveis, devido a sua homogeneidade no conjunto dos contextos econômicos, políticos e sociais ao longo de séculos de história. Sua coerência como sistema o impedia. Na experiência subjetiva de inúmeras gerações, esse ordenamento era subsidiário da "natureza das coisas". Por isso, o senso comum foi reconstruindo vigorosamente as figuras dos "pais", das "mães", dos "homens", das "mulheres", em moldes bastante semelhantes, sem solução de continuidade. Foi necessário que as mudanças nos dispositivos de poder atuantes na história abalassem os fundamentos patriarcais por inteiro para que as perguntas pelo que antes era óbvio ocupassem o espaço das certezas e da confiança no que se pensava ser "natural". O que é, e como deve ou pode ser, um pai? E uma mãe? E um homem ou uma mulher? E uma família? O questionamento não ficou limitado a essas novas perguntas, mas se estendeu à luta contra aquilo que estava deixando de ser "natural" e começava a ser sentido e denunciado como pressão social e cultural.

Michel Tort (Tort, 2005)[18] interroga os efeitos da crise do patriarcado. Contrariamente a alguns dos psicanalistas já mencionados neste texto, ele não adota uma posição de profeta do Apocalipse, lamentando-se sobre as ruínas dos modos de subjetivação do passado. Considera que o complexo de Édipo alimentado pela "solução paternal" não é a única relação que os sujeitos podem estabelecer com a proibição do incesto no percurso de sua constituição. "A ordem antiga não era estruturante porque o pai fazia a lei à mãe,

---

[18] As traduções das citações que aparecem nesse capítulo são da responsabilidade da autora deste livro.

mas porque havia uma lei: haverá *outras*" (Tort, 2005, p. 17). O pai seria o nome de uma solução que estaria ficando para trás. Segundo Tort, para a Psicanálise haveria uma tarefa urgente: separar suas construções teóricas mais determinantes, como o complexo de Édipo, das formas históricas do passado. Para ele, os sujeitos contemporâneos não estão fadados à perversão, à psicose ou ao déficit simbólico. Não concorda com a hipótese de que a decadência do patriarcado implique necessariamente a não inclusão na cultura, no simbólico. Ao contrário, pensa que, além do ingresso por mediação paterna, existem outros meios de acesso e que está na hora de descrevê-los. Sua crítica rigorosa abre o caminho para fazê-lo. Só devemos lamentar que seu extenso livro, tão rico e profundo no debate, deixe em segundo plano essa descrição.

O texto de Tort está em sintonia com os caminhos seguidos neste trabalho. Com efeito, nos capítulos anteriores, uma importante e extensa corrente de psicanalistas "da ordem"[19] foi considerada saudosista e anti-histórica. Em oposição a eles, assinalaram-se soluções menos catastróficas que a psicose, a perversão ou o déficit simbólico generalizados: os sujeitos contemporâneos construiriam também suas "senhas de ingresso", compartilhadas, na cultura. O apoio para essa hipótese foi a observação de que a decadência da normativa paterna não significava a falta de lei alguma que assegurasse a validade da proibição do incesto nos processos de subjetivação. Se o complexo de Édipo freudiano descrevia uma forma historicamente datada de exercício do poder, haveria que se pensar as novas modalidades desse poder. Isso

---

19 Sob o modelo de Lebrun, Rassial e Melman.

sem esquecer as razões[20] enunciadas no capítulo anterior que faziam pensar que tal complexo em *sentido estrito*, na sua forma clássica, não estava totalmente perimido, nem liquidada a autoridade, paterna ou não.

O autor

Nas primeiras páginas de *Fim do dogma paterno*, o autor chama a atenção sobre uma questão interessante: o pai, do qual já se conheciam as funções econômicas, políticas, jurídicas etc., passa a ser reconhecido, a partir da Psicanálise e de sua teoria do complexo de Édipo, como cumprindo também uma função psíquica. Mas os psicanalistas produziram uma versão idealizada da paternidade. Seu modelo parece ser o pai feudal, filho dos direitos romano e cristão, todo--poderoso, em que a relação entre poder e paternidade era estreita: ele não se considerava somente pai de seus filhos, mas também de sua mulher, de seus servos e vassalos etc.

Segundo Tort, o Iluminismo questionou o despotismo em geral e, junto com ele, o exercido pelo *pater familias*. E a Revolução Francesa, quando acabou com a vida do rei, projetou um mundo político sem figuras patriarcais. O liberalismo econômico que se desenvolveu contemporaneamente a essa Revolução deu o golpe de misericórdia e cunhou o modelo de pai destruído pelo capital: subtraído à família, humilhado, desautorizado. Para um grupo de historiadores-psicanalistas, o declínio do pai teria efeitos

---

20 Persistência da família como espaço de subjetivação, confluência de novas e velhas hegemonias de poder na sociedade, desnível entre adultos e crianças como sustento das hierarquias.

exclusivamente negativos na constituição psíquica dos sujeitos. Era melhor o pai poderoso. Mas Tort discorda disso e considera que não se necessita de um "chefe" para simbolizar a proibição do incesto. Ao contrário, seria necessário olhar com desconfiança para aqueles que consideram a tirania paterna como o único operador funcional para a subjetivação. Os poderes paternos não desapareceram na libertinagem, mas foram transferidos para o Estado, para as instituições formais e informais da sociedade, para as mães etc.

Segundo o autor, todos os elementos do sistema solidário que se podem denominar como "solução paternal", assim como questões ligadas aos processos de subjetivação, foram objetos de debates ao longo do século XX. A direita posicionou-se do lado da manutenção das prerrogativas paternas, da família cristã e das hierarquias entre os sexos. Já a esquerda reivindicou a liberdade e a igualdade. Os analistas intervieram nesses debates desde a década de 1930, em especial quanto ao estatuto da feminilidade e do falocentrismo, da natureza da maternidade e da paternidade em relação à ordem simbólica e da relação entre lei paterna e autoridade. Pôde-se perceber uma dificuldade crônica dos analistas em admitir a possibilidade da contingência das relações de gênero e de família e sua relatividade histórica, assim como a da função do pai. Essa dificuldade apoia-se na suposição de um inconsciente fixo, imutável, depositário e guardião de representações tradicionais do feminino e do masculino, do pai e da mãe, que refletiriam paradigmas eternos. É assim que, na perspectiva desses debates, a Psicanálise tem-se pronunciado com frequência do lado da Lei (patriarcal), da renúncia e até em favor de valores religiosos, escamoteados como tais. Em suma, do lado da dominação e da desigualdade.

Tort propõe retroceder até a obra freudiana, para mostrar que já ali aparecem idealizações teológicas sobre o pai, mas unidas a uma crítica da religião e da crença nesse Pai. Para ele, não se poderia duvidar que a descoberta freudiana do complexo de Édipo se baseia numa construção, feita na clínica, cujas bases foram os processos inconscientes ligados aos desejos incestuosos e sua interdição. Mas, afirma Tort, Freud estendeu esses achados da experiência analítica à história e à pré-história, notadamente em *Totem e tabu* e em *Moisés e o monoteísmo*. O mesmo aconteceu com outros elementos edipianos, que também foram achados da clínica: o apagamento das mulheres, a promoção universal do amor do pai, o primado do falo e a dominação masculina. Trataram-se de descobertas indiscutíveis, ligadas a uma análise profunda do inconsciente. Mas essas significações, prevalentes na época em que Freud desenvolveu suas figuras maternas e paternas e os modos de resolução do Édipo, foram projetadas por ele ao passado. Assim, ainda segundo Tort, transformaram-se características sociais, historicamente variáveis, em propriedades psíquicas eternas e universais. Seria necessário, portanto, separar aquilo que corresponde à clínica do que está ligado ao culto psicanalítico ao Pai. Isso permaneceu como o não analisado da teoria freudiana. Para evitar esse escolho, o autor faz uma importante proposta: discriminar, no complexo de Édipo, elementos variáveis (as relações ao poder paterno e o primado fálico de uma época determinada) das constantes reais (as escolhas de objeto incestuosas, as interdições, as identificações, as elaborações possíveis da renúncia edipiana).

Tort adverte que, quando se passa de Freud a Lacan, se pode perceber que a questão do Pai aparece numa versão mais fortemente religiosa ainda. Lacan inauguraria sua reflexão sobre a figura paterna muito cedo, no texto sobre a família de 1938. Teria surgido ali uma novidade: o reconhecimento da decadência do pai e sua relação com a neurose contemporânea. Para uma boa resolução edipiana seria necessária uma boa família patriarcal. O autor indica que, apesar das evidências ligadas à humilhação do *pater familias*, a teoria elaborada por Lacan a partir da década de 1950 restaurou a potência do Pai. Nos Seminários *As relações de objeto* e *Formações do inconsciente*, Lacan introduziria a metáfora paterna e os três tempos do Édipo, que cristalizariam a superioridade simbólica do Pai (ou sua função) e a subordinação imaginária da mulher: a lei do desejo seria a lei do Pai. Não se trataria, para Tort, de deixar de reconhecer as contribuições lacanianas, mas elas deveriam ser discriminadas da "solução paternal" e do rol separador do pai que "faz a lei" para a mãe.

Ainda acompanhando a análise de Tort, a mãe mesma seria todo um assunto de mitologia em Lacan. Tratar-se-ia de uma mãe devoradora, um crocodilo, nas palavras de Lacan. Caracterizar-se-ia pela sua insatisfação, pela inveja do pênis e, portanto, pela dependência e frustração. A única saída viria a ser um Pai forte que castrasse essa mãe. Mãe terrífica e pai separador figurariam os dois lados da moeda de uma visão do Édipo concebida a partir de uma perspectiva patriarcal e de dominação masculina. Seria a metáfora paterna ou a psicose, a catástrofe simbólica: a mãe estaria na base da forclusão. Diferentemente de Lacan, Tort assinala que, se existe uma normativização edipiana materna, ela não fará da criança a presa de seu desejo e não seria necessário um pai separador. Se, ao contrário, ela não chegasse lá, seria inútil qualquer pai. Mas, em ambos os casos, seria o Pai a regrar o Édipo materno, típica solução patriarcal.

A própria teoria, ela mesma fálica, para Tort, deveria ser analisada como formação do inconsciente. É verdade que ela governou e ainda governa as formas sociais e do poder, fálicas também. No entanto, relançar como eterna a dominação masculina não seria a única saída possível para o Édipo. Poderia acabar sendo inadequada em um futuro próximo para os homens e mulheres que já não habitarem a terra dos Pais e, sim, as sociedades de parentalidade complexa.

Tort lembra que Lacan, na década de 1970, criticaria o Édipo freudiano, ditado, segundo ele, pela histérica que o colocaria na posição de pai idealizado. Lacan propôs deixar de lado esse pai imaginário em proveito do pai real, aquele que "perversamente" (*père-version*) faria de uma mulher o "objeto a" que causaria seu desejo. Ou seja, seria um pai "faltante", e nessa falta mesma residiria seu poder.

Dentro do esquema edipiano clássico, afirma Tort, se definiriam uma mãe que predominaria nos começos da vida como objeto e, a seguir, a prevalência do pai separador. Esse quadro que a psicanálise reproduz corresponderia à divisão tradicional dos cuidados à criança. Mas essa divisão, assinala o autor, teria mudado em nossas sociedades. Ele considera que ou se pensa então no fim do Édipo e da subjetivação ou se discrimina o fundamental do histórico e contingente: a política dos gêneros. Esta última, ligada à distribuição das funções materna e paterna, à figura do pai poderoso que separa da mãe etc., pareceria estar mudando. Mas o verdadeiramente central do complexo – ou seja, os investimentos nos pais, a renúncia a eles, o estabelecimento das identificações edipianas – poderia ser mantido como constante que talvez encontrara outros desenlaces históricos, sem o combustível do pai e sua primazia. Assim, Tort conclui que poderia ser necessário revisar o esquema completo da distribuição do materno e do paterno à luz da história recente, já que não se trata, como pareceria cada vez mais evidente, de uma ordem fundada na natureza. De qualquer modo, daria a impressão que o sistema tradicional continuaria dominante e o imaginário coletivo o transmitiria em linhas gerais.

Tort considera que, a partir da década de 1990, a psicanálise começou a dar atenção a problemas que definiu como os que colocavam em perigo a ordem simbólica. Não se trataria somente de formular as condições necessárias para integrar os sujeitos a essa ordem (via o Nome-do-Pai), mas de denunciar as formas de "dessimbolização" que estariam atuando na contemporaneidade. Ciência e economia de mercado seriam incriminadas como as verdadeiras responsáveis por acabar com o pai, a ordem simbólica e o sucesso dos processos de subjetivação. O sujeito que se foi desligando dos laços do passado com o pai, com a diferença dos gêneros e com a família patriarcal, passaria a ser confundido com um sujeito sem limites. Tort considera que talvez o apropriado seria dizer: sem limites dentro da solução paterna. Os analistas que assim refletem, utilizariam a ordem simbólica, naturalizando as diferenças entre os gêneros em sua fixidez e tornando estanques as relações entre as gerações, como uma ficção anti-histórica. Eles fariam dos arranjos temporários entre os sujeitos, a natureza mesma do simbólico. Tort discorda deles e afirma: "A Ordem Simbólica lacaniana não existe: existem somente simbolizações que se exercem em espaços sociais. [...] Não é necessário fabricar, a partir da pluralidade histórica, uma ordem, um lugar, um Deus [...]" (Tort, 2005, p. 290).

Em suas considerações, Tort afirma ser flagrante no pensamento de muitos analistas da atualidade, uma constante: acreditam que quando o pai se esvai, os sujeitos caem na anarquia intrapsíquica e sexual. Isso ecoa em um vasto movimento ideológico que reage de modo moralizante aos excessos da liberação sexual. Em vez de se engajar com alarde nessa cruzada, seria útil, assinala Tort, pensar na hipótese de que estaria em andamento toda uma recomposição histórica do simbólico, no que concerne à ordem sexual, à organização familiar, à filiação. As posições conservadoras desses "analistas da ordem" poderiam ser incluídas nas contradições originadas na mudança histórica. Com efeito, essas transformações colocariam em questão alguns fundamentos teóricos da Psicanálise: o pai, a normativização edipiana, o simbólico, a feminilidade, a perversão, a homossexualidade.

A *vulgata* psicanalítica lacaniana, segundo Tort, responsabiliza, em primeiro lugar, a mãe, sedutora, incestuosa, poderosa; e, em segundo lugar, a falta ou a fraqueza do pai, pela extensão da perversão, mal da época e origem de todas as delinquências. Não funcionariam, no eixo democrático da igualdade, os interditos fundadores que determinavam outrora, no eixo vertical do paterno, um destino neurótico.

No entanto, o que os "seguidores da ordem simbólica" esquecem, segundo o autor, é que o fim do poder do pai não significa o fim do poder. Houve somente uma mudança de dispositivos, outra distribuição histórica deles, mas não sua desaparição. Isso tornaria necessária uma revisão dos fundamentos de muitos conceitos psicanalíticos, a fim de deixar espaço, na teoria, às transformações possíveis.

Ao contrário disso, porém, os tais "seguidores" predicariam indiretamente uma volta à solução paternal. Segundo eles, a economia liberal e a tecnociência promoveriam o individualismo e apagariam a autoridade paterna; a democracia desbordaria em totalitarismos matriarcais; a igualdade semearia a desordem e exterminaria as diferenças sexuais e, com elas, as que definiam as funções maternas e paternas; as leis sobre o patronímico e as que limitam o poder paternal confirmariam isso. À nova economia liberal corresponderia uma nova economia psíquica: sem pai, os indivíduos (que não seriam já sujeitos de desejo) ficariam escravos do objeto do gozo, sempre acessível, ao contrário do objeto perdido lacaniano. Da "neurose do pai" deslizar-se-ia para a "perversão generalizada".

Essa corrente analítica, para Tort, desenvolve todo um discurso sobre as "novas doenças da alma" ligado a questões cuja validade é discutível. Se o patriarcado constituía "verdadeiros" homens e mulheres, a democracia engendraria suas regressões e o aparecimento de "estados-limites" que denunciariam a ausência de estrutura do sujeito. A sexualidade e o inconsciente estariam em perigo de desaparecer em prol do gozo liberal. Tratar-se-ia de uma verdadeira "etiologia política", que deslizaria para causas exteriores à dinâmica psíquica. "A nova economia psíquica é deduzida da nova economia sem mais" (Tort, 2005, p. 447).

Nos antípodas das posições dos "adeptos da ordem simbólica", Tort considera que as organizações antigas construíram representações estruturantes do psiquismo, como, por exemplo, a da paternidade. Mas o "simbólico" ordenaria elementos mais gerais e outros que seriam claramente históricos. Para o autor, seria melhor deixar de lado a famosa "ordem simbólica" em favor da ideia de variadas ordens simbólicas. Assim se tornaria possível diferenciar aquelas, próprias das sociedades tradicionais, das novas, características das sociedades democráticas. Considerar essa hipótese equivaleria a aceitar que o simbólico teria formas históricas variáveis e permitiria sair do culto ao pai agonizante "que transforma a psicanálise numa multinacional das pompas fúnebres psíquicas" (Tort, 2005, p. 468).

Segundo Tort, uma nova leitura lacaniana, por J. A. Miller em especial, discrimina o "último Lacan" da ligação estreita com o Nome-do-Pai precedente. Ele reivindicaria a responsabilidade que a psicanálise teve no desgaste dos modos de vida tradicionais, na evolução liberal dos costumes. Mas, para Miller, os analistas tenderiam a retroceder diante dos efeitos de sua prática. Como compatibilizar essa subversão com o discurso dos analistas de que eles defendem a primazia do Falo e o Nome de Pai? Miller responderia em duas direções. A primeira, numa perspectiva histórica, afirmaria que o Nome-do-Pai e o Édipo já não teriam o mesmo valor que possuíam antigamente. Também a significação fálica revelaria sua insuficiência. A prevalência do masculino, ou seja, o valor diferencial dos sexos, que parecia ser "de estrutura", ter-se-ia transformado numa construção histórica. Mas o inconsciente ainda padeceria desses universais, talvez porque as mudanças fossem muito recentes. Afirma J. A. Miller:

> Faz apenas cinquenta anos que se renunciou na França ao monopólio eleitoral do falo e menos que a metade de tempo que o aborto foi legalizado. Foi ontem: será que a novidade chegou a um inconsciente que gira na mesma poltrona desde sempre e que não conhece o tempo? (Miller, 2003a, p. 120, citado por Tort, 2005, p. 475)

Os costumes e leis, que transformariam na atualidade os espaços respectivos de pais e mães, não seriam responsabilidade exclusiva da esquerda, segundo Tort. Emanariam de um movimento individualista mais amplo que buscaria liberdade e igualdade. Para esse autor, a psicanálise deveria ser mais prosaica, sem a exaltação de uma seita religiosa. Considera lógico que o pai produza efeitos, mas seria necessário analisá-los, e muito mais quando ele já é uma figura histórica. "Está livre o espaço, na sociedade, para uma diferente circulação da parentalidade, na qual outra versão da psicanálise já está inscrita de longa data, a partir de sua experiência prática e não da reciclagem do Pai da religião" (Tort, 2005, p. 482).

Os efeitos

A leitura do texto de Tort produz a impressão do contato com uma crítica vigorosa, que possui duas vertentes: uma psicanalítica e outra política. O livro conclama a recuperar a dimensão clínica da análise, a resignar-se a ficar sempre um passo atrás, à espera da fala do paciente. Ao mesmo tempo, exalta a direção de um futuro igualitário pelo qual Tort milita. Essa dimensão política do texto possui um valioso apelo de denúncia: onde estão os analistas, que já foram "vanguarda", quando sustentam, sem o perceber, "tradição, família e propriedade?"

As mudanças almejadas por Tort, porém, ainda não se produziram, embora existam evidências de que estão em andamento. Ele é prudente: insiste na dimensão de *passagem* de nossa época, tanto para apontar aquilo que está deixando de fundamentar a subjetivação como para assinalar as novas direções prováveis. Em todo caso, a ênfase numa visão política da Psicanálise talvez explique o fato de Tort criticar mais do que propor: interessa-lhe denunciar o conservadorismo dos "adeptos da ordem simbólica" mais do que construir elementos de uma teoria psicanalítica nova sobre as "simbolizações" que apresenta.

Seu sentido da historicidade transforma-o num crítico do idealismo estruturalista. A genealogia do pai pode auxiliar a psicanálise neofreudiana a sair da camisa de força dogmática em que estava imobilizada. A revisão histórica e política da "crença" no pai e no seu simbólico particular areja o pensamento e o liberta da prisão em que a *vulgata* psicanalítica" o colocou. Sem dúvida, o pai teve – e ainda tem, parcialmente – um papel determinante na constituição subjetiva, mas desempenhou essa função (como se assinalou no capítulo anterior) como simples agente e delegado de todo um sistema de poderes que está prescrevendo. Esse sistema construiu uma cultura, um mundo simbólico que foi mudando ao longo dos séculos. Por que se aferrar a ele como se fosse o único e o verdadeiro? Por que predicar que se os sujeitos não se constituem dentro dele, não serão mais sujeitos? Por que proclamar, como efeitos dessa pretensa destituição subjetiva, a morte do inconsciente, do desejo, do recalque, do Édipo, dos limites, da capacidade de simbolizar, das neuroses etc.?

Como Tort afirma, se não é a lei do pai a que atua, podem atuar outras leis que preservem a fundamental proibição do incesto que assegure a subjetivação. E se não é o mundo simbólico patriarcal que determina normas e valores, haverá outros mundos simbólicos possíveis. O conceito desse autor é muito claro e brilhante: os simbólicos são múltiplos e cambiantes historicamente, e seria absurdo avaliar a subjetividade do ser humano do século XXI com uma vara do século XIX.

As hipóteses de *Fim do dogma paterno* vão ao encontro do que se foi desenhando neste livro nos capítulos anteriores, quando se considerou que os "analistas da ordem simbólica" são saudosistas e anti-históricos.

Outra concordância importante está ligada à hipótese de Tort quanto à multiplicidade dos universos simbólicos. Neste livro já se enunciou, a partir de uma perspectiva foucaultiana, a sucessão histórica dos sistemas de poder e seus dispositivos, cada um com seus valores e normativas.

Um outro ponto de afinidade entre o texto de Tort e este livro dá-se na afirmação, no primeiro, de que, se caduca a lei do pai, haverá outras leis que a substituam. Neste livro insistiu-se repetidamente, em capítulos anteriores, que a decadência da potência paterna não implica um vazio de poder. Ao contrário disso, as determinantes hoje atuantes, e traduzidas em injunções culturais, múltiplas e intensivas, seriam mais potentes ainda que as que se exerciam há apenas um século.

Como consequência necessária dessas premissas, este livro e o de Tort acabam confluindo numa mesma e importante afirmação: também hoje os processos de subjetivação em andamento produzem seres humanos para os quais podem predicar-se as sujeições "clássicas" à lei de proibição do incesto. Portanto, trata-se de sujeitos predominantemente neuróticos, "edipianos", nos quais funcionam o recalque, o inconsciente, o desejo, a fantasia, e que estabelecem laços libidinais com seus semelhantes. Como foi afirmado várias vezes neste livro, não se trata de um universo de predomínio de perversos, psicóticos, *borderliners* ou de seres desprovidos de capacidade de simbolização.

Outra confluência entre o livro de Tort e este texto se estabelece em torno do que ele designa como elementos variáveis historicamente e elementos constantes do complexo de Édipo. Os primeiros incluiriam o predomínio paterno no desenlace edipiano, a primazia fálica concomitante e o estilo da divisão sexuada para definir as funções materna e paterna. Já os elementos constantes do complexo seriam as escolhas de objeto incestuosas, a renúncia a elas e as identificações resultantes, tanto egoicas quanto superegoicas. Tal distinção, feita por Tort, é muito útil para esta pesquisa, já que ajuda a especificar um tópico proposto desde a Introdução e o complementa. De fato, ali se distinguia entre complexo de Édipo em sentido estrito e complexo de Édipo em sentido amplo. O primeiro corresponderia aproximadamente à especificação patriarcal do que Tort denomina elementos variáveis historicamente; já o segundo, em dependência direta da lei de proibição do incesto, corresponderia aos elementos constantes do complexo, na terminologia do autor. Ambas as distinções, a de Tort e a deste livro, respondem a uma mesma inspiração: a de se dar licença para relativizar historicamente o complexo de Édipo e arrancá-lo do reino dos universais metafísicos, o que tornaria possível continuar afirmando sua vigência, apesar das mudanças históricas de procedimento.

Além de todos os pontos em comum, há, porém, uma discordância. Tanto esta pesquisa quanto o livro de Tort enfatizam o valor da proibição do incesto – que não tem hoje o pai como único agente – para instituir os processos de subjetivação. No entanto, Tort sustenta, a respeito dessa proibição, uma posição que parece um pouco contraditória com o conjunto de suas hipóteses. Em todo o livro, o autor se posiciona do lado da relatividade histórica dos elementos do simbólico "clássico": as relações de gênero, as hierarquias familiares etc. e também o faz em relação aos conteúdos do inconsciente. Por que, então, considerar a proibição do incesto como uma constante, não passível de caducar e de perder seu domínio? No livro de Tort, ela funciona, paradoxalmente, como um universal anti-histórico. Ao contrário, neste texto, já na sua Introdução, pesquisou-se a genealogia de sua vigência e a possibilidade de que essa interdição fundante estivesse ameaçada e viesse a perimir.

Mesmo assim, resta agradecer a Tort, pelo menos por dois motivos: sua vigorosa crítica redunda numa remoção dos obstáculos para pensar – e isso já seria suficiente. No entanto, talvez o mais importante tenha sido a surpresa de achar em seu livro a possibilidade de compartilhar um ponto de vista que até então gerava certa solidão.

5
Os Cenários do Proibido: feminino, masculino, novas patologias

O complexo de Édipo e o sistema patriarcal

Na Introdução deste livro foi proposta a distinção entre complexo de Édipo em *sentido estrito* e complexo de Édipo *em sentido amplo*. O primeiro constitui-se do conjunto de teorizações sucessivas, na obra freudiana, que se ocupam desse complexo. Elas foram mudando, aperfeiçoaram-se e se aprofundaram ao longo do tempo. No primeiro capítulo do livro apresentou-se, de forma bastante extensiva, essa evolução: de um Édipo simples e natural a um intrincado desenvolvimento que contemplava a bissexualidade, as identificações, a construção do aparelho psíquico e as consequências do complexo de castração.

Já o complexo de Édipo *em sentido amplo* foi recortado, nessa mesma Introdução, como um derivado da proposta freudiana da existência de um mandato cultural de proibição do incesto. Tal mandato, segundo o ponto de vista desenvolvido, deveria ser considerado além de toda referência concreta às modalidades particulares com que um sujeito ou uma sociedade viesse a lidar com essa interdição, a fim de se ajustar a seu domínio.

Podemos relacionar ambos os planos dizendo que, no sentido amplo, existe a lei antropológica e histórica de interdição e que, no sentido estrito, há a metodologia edipiana, também histórica, de se haver com ela.

Que dizer dessa metodologia? Em relação a isso, parece interessante formular a hipótese de que, quando Freud propõe o complexo de Édipo, descobre e explicita a norma pela qual um *sistema patriarcal* organiza uma modalidade peculiar de lidar com a proibição do incesto. Mas a convicção freudiana é a de ter desentranhado a forma *universal* de respeitar a interdição. Ele não discrimina a lei da cultura, da estrutura familiar paternalista histórica que desenvolveu um estilo particular de se organizar em relação a essa lei.

O "além do Édipo"

Falar de uma modalidade patriarcal, peculiar e histórica, de lidar com a interdição equivale a relativizar a solução freudiana. Sob esse ponto de vista, fica implícita a possibilidade da existência de diferentes variedades de obediência à regra que obriga à exogamia. Pelo menos de modo especulativo, pode-se perguntar pela existência de outros tipos de organização social, não patriarcais. A questão é plenamente pertinente para o tema tratado, porque implica a possibilidade de achar outras soluções subjetivas, diferentes da passagem pelo complexo de Édipo em sentido estrito. Com efeito, como se afirmava acima, esse complexo é um caso particular de organizador de modos de subjetivação dentro do sistema patriarcal. Do ponto de vista lógico, além da nossa clínica cotidiana, poderíamos admitir a possibilidade da atuação de uma multiplicidade de equivalentes da figura central do patriarcado que o pai recorta. "Nomes do Pai" no plural, "sinthomas", "suplências", "nós borromeanos" e seus enlaces seriam outros tantos conceitos lacanianos a descrever essas possibilidades.

Nessa linha, Lacan (Lacan, 1992) denuncia como "um sonho de Freud" o complexo de Édipo. Convoca os analistas a um ponto de vista mais científico e menos religioso. Insta a não conservar o mito do Pai. Extrair da psicanálise o que Lacan considera como o desejo de Freud a respeito de um pai poderoso é ir além do Édipo. Isso não significa omiti-lo da experiência psicanalítica, da clínica. Muito pelo contrário, "o além do Édipo somente é concebível se o Édipo é situado em seu lugar" (Miller, 2005). A castração edipiana não pode ser atribuída ao pai, nem ao seu significante, mas à linguagem, que determina um limite ao gozo, para todo ser humano que pertence a uma cultura. O Édipo pode ser considerado e valorizado como um mito que constrói a narrativa desse limite. Assim, é possível utilizá-lo como instrumento na cura, mas não aceitá-lo na teoria da psicanálise, definida como ciência do real.

Mesmo assim, o Lacan do *Seminário* citado conserva um lugar para o pai: ele não é autor nem princípio da castração, mas mero agente do significante que exerce a castração. Desse modo, ela é efeito da linguagem, mas é mediada e transmitida pelo pai, também castrado e, portanto, desejante.

É interessante destacar o abismo que separa essa posição de Lacan, exposta em seus últimos Seminários, da de alguns analistas lacanianos, como Melman, Lebrun e Rassial, citados em capítulos anteriores. Para eles, o Édipo desfalecia e os sujeitos ficavam sem limites, porque o pai era cada vez menos poderoso. Já para seu mestre, a questão era outra: o pai onipotente era um mito freudiano[21], e só um pai castrado poderia transmitir a castração, enquanto sujeição do gozo ao significante, assegurando assim a constituição da subjetividade.

O poder do pai e outros poderes

Cabe destacar que nenhuma perspectiva histórica, como a decadência do pai e da família, guia as considerações desse Lacan tardio. O "além do Édipo" é enunciado como um avanço nos graus de cientificidade, abstração e generalidade da teoria. Mesmo assim, poder-se-ia pensar que, talvez, a força e a densidade da figura paterna concreta em tempos de Freud tivessem uma pregnância tal que o impedissem de relativizá-la, apesar de que isso seja um pouco duvidoso, se considerarmos que, para ele, o pai só é exaltado depois de assassinado. Já na época em que Lacan trabalha, o véu do pai, que obnubilara o pensamento deste autor muito mais enfaticamente do que o fizera com Freud e durante muitas décadas é retirado e Lacan acaba conseguindo se abstrair dele e denunciá-lo como aparência e mito.

Se as intenções lacanianas foram as de depurar a Psicanálise do que denominou o "sonho de Freud", não deixaram de ter também outros resultados. Assim, definir a

---

21 No entanto, o protopai em Freud não é onipotente: sempre acaba assassinado – por exemplo, em *Totem e tabu* e em *Moisés e o monoteísmo* – e é reinventado como todo-poderoso e divino pelos filhos que o mataram, que ficaram desprotegidos e saudosos e que o reconstituíram como totem ou como Deus, do tamanho de seu desamparo e de seu remorso.

constituição subjetiva como consequência da linguagem é também deixar aberta essa constituição à historicidade da significação. Se a "solução paternal" ao complexo de Édipo está ligada a um tempo determinado e finito, bem como às estruturas sociais, econômicas e políticas que o condicionam, é porque essa solução é datada e não faz parte da "natureza das coisas". Junto com essa solução, o inconsciente também não pode ser imutável, fiel depositário da tradição e opaco às mudanças culturais. É possível deixar de contar com o pai da família patriarcal e continuar afirmando a vigência da proibição do incesto e, portanto, da possibilidade da constituição do sujeito, do objeto, do desejo. Que o pai já não tenha o poder que ostentava antigamente não significa, como se afirmou em capítulos anteriores, que não atuem na cultura, como "função paterna"[22], outros poderes interditores, talvez mais importantes em intensidade e extensão.

Olhando por esse ângulo, é fácil concluir que o pai exercia sua função por delegação. Ele foi o instrumento de um poder soberano que resolveu, durante milênios, a problemática da produção de sujeitos úteis para os objetivos gerais das sucessivas sociedades. No entanto, esse poder que o pai exercia por mera delegação não se dissolveu na anarquia. Segmentou-se ao longo de múltiplas instâncias e teve como destino outras mãos. Se uma parte ainda é do pai, outra foi parar com a mãe, devido à onda de crescente igualdade entre os sexos que ficaram parcialmente liberados da hierarquia falocêntrica patriarcal. Além disso, uma importante parcela

---

22 Talvez o termo "função paterna" não seja apropriado porque mantém um ranço patriarcal dentro da teoria psicanalítica, exatamente no momento em que se verifica a perda do poder do pai concreto e seu relevamento por outros poderes. Falar de uma "função de interdição" seria mais consistente.

desse poder teve outros destinos: as diversas instituições formais e informais da sociedade, que outrora não existiam – a escola, a mídia, a propaganda, a medicina, a tecnociência, as empresas, o Estado etc. É desses outros delegados do poder que partem hoje as interdições, os disparadores e os controles dos processos de subjetivação, reforçando aquilo que já se iniciou no seio das famílias, nas quais a autoridade não é só paterna, mas parental.

Na família atual, que ainda pode ser considerada "edipiana", no espaço antes ocupado pelo patriarcado, não reina a anomia: atuam hoje outros determinantes, próprios do que Foucault chama de sociedades disciplinares e que descrevemos na Introdução. Eles não desobrigam da renúncia incestuosa, da troca, do laço social, os sujeitos que organizam. A autoridade paterna de outrora parece até ingênua, unilateral e instável, se comparada com a multiplicidade e a força das pressões da cultura contemporânea.

O patriarcado

Na mais alta escala de abstração da teoria, pode-se colocar a proibição do incesto, a renúncia pulsional que é fonte do mal-estar na cultura, em termos freudianos. Talvez do ponto de vista lacaniano pudéssemos traduzir isso como a incidência da linguagem a limitar o gozo humano.

A partir desses pressupostos, surge uma questão: como isso acontece concretamente e quais são seus efeitos?

Se tentarmos uma resposta a partir do campo freudiano, é possível dizer que a proibição do incesto se faz carne na passagem do ser humano pelas vicissitudes edipianas e tem como efeito a constituição do sujeito sexuado. Mas, para colocar em perspectiva essa afirmação, sem confundi-la com uma proposição universal, deveremos deixar claro que a resposta freudiana é verdadeira *se, e somente se*, recortarmos um conjunto particular como cenário: a família patriarcal. Isso nos obriga a uma reflexão sobre o patriarcado.

Sob o ponto de vista histórico concreto, não há evidência alguma de que tenham existido, em toda a trajetória humana, outras organizações que as patriarcais. Isso é o que outorga à conceituação freudiana um grau de generalidade que beira a universalidade e que permite a Freud saltar de Édipo a Hamlet, acabar em Dostoievski e voltar a Moisés com o mesmo desembaraço, sustentando suas hipóteses como se as mudanças históricas não afetassem o inconsciente. De fato, o mesmo regime patriarcal preside as constituições subjetivas de personagens de épocas tão diversas[23].

Como mencionamos no capítulo anterior, os sistemas patriarcais definem conjuntos axiológicos presididos pelo falocentrismo, a consequente assimetria entre os gêneros, sua segregação relativa, a heterossexualidade compulsória e o tabu da homossexualidade.

Se retrocedermos até a família romana, o pai tinha direito de vida e morte sobre seus filhos e sua mulher. Ainda em 1900, o mundo inteiro era patriarcal ou semipatriarcal, e a subordinação e a obediência da esposa e da prole ao poder do pai eram absolutas[24].

Para o imaginário europeu burguês da época, o horizonte do estrangeiro estava fortemente marcado pelas notícias sobre

---

23 Isso não parece ter sido avaliado por alguns historiadores críticos dessas análises freudianas. Ver, por exemplo, Roudinesco, 2002, ou Vernant; Naquet, 1999.

24 Para o percurso histórico que será desenvolvido a seguir, a fonte principal foi o livro de Therborn, 2005. Também Roudinesco, 2002, e Prost; Vincent, 1991.

os haréns, nos quais a poligamia enclausurava mulheres veladas e vigiadas, sobre a rígida instituição do concubinato do Extremo Oriente, sobre o enfaixamento dos pés da mulher chinesa, sobre a imolação da viúva indiana na pira do marido, sobre a mutilação genital das meninas na África e sobre o espancamento da esposa e dos filhos no mundo inteiro, inclusive no Ocidente.

Mas a vida concreta das mulheres e dos filhos europeus em 1900 não era menos dura sob a autoridade legal e absoluta do chefe da família. Apenas nas últimas décadas do século XIX a mulher casada passou a ter direito de propriedade. Mesmo assim, devia obediência ao marido, ou ao pai, se fosse solteira. Eram os homens que administravam suas posses, as do casal e as da família. Também era necessária a permissão do cônjuge para trabalhar. As mulheres não tinham direitos políticos, não podiam votar nem ser eleitas e eram proibidas de receber educação superior. O único destino produtivo e sancionado socialmente era o cuidado do lar e dos filhos numerosos.

Freud e o patriarcado em 1900

A situação que acabamos de descrever corresponde a 1900, ano oficial de nascimento da psicanálise. Freud edita nesse ano *A interpretação dos sonhos* e analisa Dora, um lustro depois de ter publicado seus *Estudos sobre a histeria*. O inconsciente, o recalque, a sexualidade infantil, a pulsão, o complexo de Édipo, o narcisismo, a transferência, as neuroses, perversões e psicoses etc. povoam, pouco a pouco, o cenário da nova disciplina. Na base desse edifício conceitual, uma intensa atividade clínica.

Quem são os pacientes de Freud? Homens e mulheres constituídos subjetivamente no interior do sistema patriarcal vigente em 1900, que acabamos de descrever de modo sucinto.

E quem é Freud? Um sujeito dessa mesma cultura, com uma trajetória pessoal e familiar calcada nesses moldes. Se sua profunda sagacidade clínica o levou a descobrir e a explorar o inconsciente, próprio e alheio, como não encontrar nesse inconsciente os traços impressos pelo patriarcado? A começar pelo poderoso pai edipiano, dono das mulheres e dos filhos, em seu trono falocrático. A mãe sedutora, íntima de seus filhos e que se realiza por meio deles. O próprio filho, crucificado entre a amorosa solicitude materna e a severidade ameaçante e interditora do genitor admirado. E o falo, que decide se alguém entra na cultura e que determina também a que parte da humanidade pertencerá: se à arrogante ou à humilhada, se à poderosa ou à inerme.

O complexo de castração

O complexo de castração masculino freudiano[25], entranhado no complexo de Édipo, descreve o peso e as consequências da ameaça de perder para sempre a promessa de um futuro de domínio, autoridade e prestígio (ser homem, fálico) para passar a uma posição de sujeição e obediência (ser mulher, castrada) no caso de o sujeito persistir nos desejos passivos e ativos edipianos, ou seja, tanto homossexuais como heterossexuais.

25 Ver o capítulo 1 deste livro.

Num primeiro tempo, o pai e/ou seus representantes encarnam esse perigo, que incide, imaginariamente, sobre a posse do pênis, enquanto órgão representativo da superior hierarquia masculina. Mais tarde, as identificações com esse pai decantam num superego estrito que continuará a amedrontar o pequeno Édipo incorrigível pelo resto de sua vida, para sempre assombrada.

Paralelamente, o complexo de castração feminino[26] cristalizará de imediato, a partir da constatação da diferença entre os sexos, no complexo de inferioridade e na inveja fálica. É possível pensar que esses efeitos respondem, ponto por ponto, às condições concretas de existência da mulher de 1900. Dir-se-ia que a menina que ingressa em tal complexo, tal como Freud o descreve, está processando uma súbita compreensão do lugar que lhe caberá como mulher no mundo. Ela percebe que é, por definição, uma perdedora no universo falocrático. Sua mãe, antes tão poderosa a seus olhos, não demorará a ser tão desvalorizada quanto ela. O caminho que a menina trilha a seguir, deslizando pela equação "pênis-filho", transcorre pela transformação de seus desejos ativos ("ter um pênis") em passivos ("receber o pênis e o filho"). Transitará ainda dos anseios pela mãe, agora vista como castrada, ao desejo pelo pai fálico. Essa travessia a firmará, diz Freud, na feminilidade. Isso significa que se transformará numa mulher adequada ao horizonte patriarcal, que imprimirá a perspectiva e os limites pertinentes a seus desejos e aspirações, confinando-a ao lar, como esposa e mãe.

26 Idem.

O complexo de castração como estratégia patriarcal

Tanto o complexo de castração masculino como o feminino, na visão freudiana, parecem articular-se em torno da posse ou não do pênis, fazendo parte de uma teoria sexual infantil fálica que afasta o sujeito infantil da anatomia, que aponta para a distinção entre pênis e vagina.

Essa teoria domina o trabalho de elaboração psíquica das crianças na fase fálica nos dois sexos. Mas é também homóloga a uma teoria semelhante no âmbito da cultura que a abriga, homogênea com a distribuição dos poderes nas sociedades patriarcais, nas quais o masculino é dominante. O falocentrismo não está presente somente no inconsciente dos sujeitos sexuados, desde a primeira infância; é um valor central da cultura que eleva a representatividade de um órgão anatômico à mais alta dignidade.

Não pode causar surpresa, então, que Freud consiga desentranhar na análise de seus pacientes que a ameaça de castração provoque no menino a angústia insuportável que o leva a desistir do objeto incestuoso. Ou que a fantasia de uma castração já realizada exacerbe a desvalorização da menina, posicione-a como invejosa e a afaste da sua mãe. O resultado é que, em ambos os sexos, o complexo de castração acaba com a ligação primeva com a mãe e precipita o ingresso na cultura como sujeitos desejantes, relativamente exogâmicos e bastante adaptados ao que se espera deles, como homens e como mulheres.

Assim, o complexo de castração pode ser considerado como uma estratégia que utiliza o mais alto valor, o falo, para obrigar à renúncia incestuosa. Junto com isso, obtém também a decantação do precipitado de identificações (que fundam o superego) a que essa renúncia dá lugar. Isso constitui a norma que institui a diferença entre os gêneros. Também propicia, como efeito da angústia de castração, o tabu da homossexualidade (pelo menos a masculina), e garante a heterossexualidade compulsória que facilita, na nova geração, a continuidade dos pressupostos patriarcais e falocêntricos que a precederam.

Colocar a hipótese de que o complexo de castração é uma estratégia especificamente patriarcal a serviço da proibição do incesto significa reconhecer sua significação e sua profunda e milenar ligação com o inconsciente. Mas significa também colocar esse complexo no contexto de sua historicidade e delimitar o alcance de seu domínio, longe de qualquer universalidade abstrata ou natural.

O patriarcado hoje

As características do patriarcado, tal como existiam na época das primeiras publicações freudianas, modificaram-se bastante amplamente no decurso do século XX[27]. Não se tratou de um movimento de mudança gradual e progressivo; antes, houve momentos de aceleração e outros de relativa estabilidade, que podem ser determinados. Tais mudanças processaram-se com mais intensidade após a Primeira Guerra Mundial (especialmente na Europa Ocidental, na Suécia e na URSS, a partir da revolução de outubro de 1917), depois da Segunda Guerra Mundial (notadamente

---

27 Ver Therborn, 2005.

na Europa Ocidental e Oriental, China e Japão) e muito aceleradamente em todo o Ocidente, após o movimento de maio de 1968 e a declaração, pela ONU, em 1975, da Década Internacional da Mulher.

Vários movimentos se distinguiram logo nos primeiros decênios do século XX na luta frontal contra o patriarcado. Em primeiro lugar, deve-se mencionar a intensa ação e militância das feministas europeias e americanas. Mas não se pode esquecer da União Soviética, que, a partir de Lênin, produziu uma verdadeira revolução nas condições concretas de vida da mulher e da família. Nessa mesma direção trabalharam os liberalismos seculares protestantes e judaicos (nas tradições de John Stuart Mill e de Henrik Ibsen) do Ocidente. Em outras regiões e países, como Japão, China, Egito e Turquia, movimentos desenvolvimentistas melhoraram as condições de vida da mulher.

As mudanças e as conquistas que as lutas pela igualdade dos gêneros acumularam ao longo do século XX se traduziram em importantes transformações nos costumes e nas leis que regem o campo individual, familiar, civil, político e criminal. Apresenta-se, a seguir, uma rápida síntese delas.

O direito de propriedade das mulheres foi aceito e legislado, assim como o direito de receber uma herança igual à dos irmãos homens. A chefia familiar masculina paterna foi extinta e, portanto, junto com ela, a obediência da esposa e das filhas e dos filhos maiores de idade ao esposo ou pai. Em consonância com isso, a pátria potestade exclusiva do progenitor foi substituída pela autoridade parental. Foi proibido o casamento arranjado pelos pais; assegurou-se, também, a possibilidade de escolher livremente o cônjuge e casar sem o consentimento paterno, uma vez atingida a maioridade. Estabeleceu-se uma nova figura jurídica: o divórcio sem culpados e por mútuo consentimento. Em relação à guarda dos filhos, foi reconhecida a igualdade de ambos os genitores. O acesso à educação superior, universitária, foi outorgado às mulheres. Extinguiu-se a necessidade de obter licença do marido para a mulher exercer trabalhos remunerados. Estimulou-se a coeducação de meninas e meninos. Finalmente, sancionou-se também o direito feminino de votar, de eleger, de ser eleita e de concorrer a cargos públicos. O controle da natalidade, reconhecido e estimulado, garantiu em alguns países a possibilidade legal de praticar o aborto.

Esses trunfos das lutas pela igualdade dos gêneros e pelos direitos dos filhos redundaram num movimento de ampla despatriarcalização, embora esse sistema não tenha desaparecido. Em vastas áreas do mundo ainda vigora (como são os casos de Ásia Ocidental, do Norte de África, da Ásia do sul, hindu e muçulmana, e praticamente toda a África subsaariana, com exceção do sul e de algumas regiões do oeste). Além disso, em alguns países, movimentos neopatriarcais de inspiração religiosa anularam disposições anteriores em prol da igualdade dos gêneros (como no norte de África, de Egito a Marrocos).

Podemos avaliar estatisticamente o alcance das mudanças: cerca de 30% da população mundial efetivou as transformações sintetizadas acima, na linha de direitos iguais para homens e para mulheres; o restante, quase 70%, continua ou voltou a ser patriarcal.

Na porção do mundo em que se produziram as mudanças (Europa, América e Oceania), o abalo do sistema patriarcal foi recente, concentrado, em boa parte, nas últimas duas décadas do século XX. Enigmaticamente, e apesar da nova legislação, mesmo na parcela da população mundial em que o patriarcado foi aparentemente pulverizado, os efeitos de transformações tão profundas não têm, por enquanto, os alcances previstos. Homens e mulheres, como indivíduos e como membros da família, continuam inseridos em relações sociais e econômicas de desigualdade.

A melhor ilustração disso são os dados a respeito da remuneração trabalhista. O rendimento médio das mulheres é até 50% menor do que o dos homens. Ambos os gêneros podem ter direitos iguais, mas a menor capacidade econômica mina e limita os recursos de ação e as possibilidades de desenvolvimento femininos. Um dado que aumenta o enigma, confrontando-se os números, é o fato de a escolaridade das mulheres ser mais elevada que a dos homens. Com efeito, dois terços dos diplomas universitários são femininos. No entanto, só 4% dos cargos de maior hierarquia são exercidos pelas mulheres. E um novo fenômeno, antes inexistente, vem-se somar a uma desigualdade entre os gêneros que não passa pela legislação: o massivo ingresso feminino no mercado de trabalho não desonera as mulheres das responsabilidades do lar. O resultado é a assim chamada "dupla jornada de trabalho" assumida pela mulher[28].

---

28 O jornal *A Folha de S. Paulo* de 13/04/06, no caderno "Cotidiano", p. 4, informa que no Brasil 91,3% (32,3 milhões de pessoas) das mulheres que trabalham cumprem "dupla jornada", em seu emprego e nos serviços do lar, contra 46,3% dos homens. Estes últimos dedicam duas horas diárias às tarefas domésticas; as mulheres, quatro. A renda feminina representa, em média, 77,33% da masculina. Quanto maior a escolaridade, maior é a distância entre o rendimento delas e o deles. No grupo com até quatro anos de estudo, a renda feminina corresponde a 84% da masculina. Na faixa de doze anos ou mais de escolaridade, as mulheres ganham 62% do que recebem os homens. As mulheres têm um nível de escolaridade superior (8,6 anos) ao dos homens (7,6 anos). A população feminina está menos inserida no mercado de trabalho (51,6% das mulheres com mais de dez anos de estudo) do que a masculina (73,2% dos homens com o mesmo número de anos de estudo).

O complexo de castração hoje

Parte deste capítulo tentou apresentar um panorama das condições de existência de homens e mulheres no começo do século XX, quando Freud inaugurou a Psicanálise. Em seguida, sublinharam-se e se analisaram as correspondências, que pareceram óbvias, entre o contexto sociocultural e político da época e as vertentes feminina e masculina da subjetivação sexuada, tal como Freud as descreve na sua última versão do complexo de Édipo, entranhado no complexo de castração. No entanto, nos cem anos que nos separam dos desenvolvimentos teóricos freudianos, esse contexto mudou, particularmente no Ocidente. Para assinalar essas transformações, foi necessário traçar, no item anterior, um panorama de sua evolução.

Ao analisarem-se os dados, evidencia-se que muito se avançou quanto à igualdade dos gêneros. Se o ponto de vista focaliza a legislação, a simetria entre ambos os sexos é absoluta. Por isso é muito surpreendente que existam fenômenos de tanto peso, como a desigualdade de salários para a mesma qualificação, a pequena participação das mulheres nos cargos de maior hierarquia, ou a dupla jornada de trabalho feminino que deriva, com frequência cada vez maior, na maternidade tardia ou na renúncia a ela.

Tratam-se de restos do antigo sistema patriarcal e falocêntrico, destinados a desaparecer com o tempo? Isso é bastante possível, apesar de muitas vozes se elevarem atualmente para denunciar sintomas de retrocesso e de volta ao lar de muitas mulheres, às vezes temporariamente, durante a infância dos filhos (ver Badinter, 2005). Nesse sentido, lembre-se de que campanhas recentes na mídia, como a que anuncia a descoberta dos efeitos de um hormônio feminino, a ocitocina, que seria responsável pelo amor maternal (os pais, privados desse hormônio, não sentiriam afeto pelos filhos?), sublinham sugestivamente o valor da presença da mãe junto da prole e exercem pressão para conseguir esse resultado.

Não cabe aqui, porém, listar predições possíveis sobre o futuro da igualdade dos gêneros. O presente é suficientemente instigante e convida à análise.

A primeira aproximação que podemos fazer é de que a decadência do patriarcado no Ocidente não parece ter sido acompanhada da abolição, nem do eclipse temporário do falicismo. Muito pelo contrário, parece que os "novos poderes", herdeiros do pai, continuam conservando esses valores, mesmo que abrandados. Como entender, de outro modo, aqueles fenômenos ligados às diferenças entre remunerações masculinas e femininas a despeito da maior qualificação profissional das mulheres? Ou do fato de que só 4% dos cargos de maior hierarquia são exercidos por elas?

Se nos deixássemos guiar somente pela legislação igualitária para ambos os gêneros, poderíamos supor que o valor central do significante fálico houvesse desaparecido, nada separando o feminino do masculino. Ou, então, que esse significante tivesse passado a ser acompanhado por outro da mesma dimensão e representativo da mulher, formando um par equilibrado com o significante fálico. Nenhuma dessas quimeras feministas, porém, combina com o que assinalávamos acima, a respeito da remuneração trabalhista das mulheres ou da dupla jornada de trabalho ou da hierarquia do cargo ocupado. Pelo contrário, parece que, tendo-se mantido o referencial da falicidade, este tivesse dado abrigo identificatório também às mulheres, pelo menos parcialmente. Elas teriam, então, se "masculinizado" em parte a partir do âmago de sua constituição subjetiva. Mas não é provável que esteja em jogo aqui um processo unificador, e sim, um efeito de somatória pelo qual as vertentes clássicas do feminino e do masculino se conjugam e, mesmo em conflito (dupla jornada de trabalho), se sustentam em conjunto na mulher atual.

Isso nos leva a tratar novamente da crise edipiana entranhada no complexo de castração. É bastante possível que, dada a continuidade da proeminência do referencial fálico, o complexo contíguo se sustente em ambos os sexos. Isso será miticamente romanceado, em cada experiência subjetiva, a partir de novos representantes desse referencial na cultura.

Sob esse ponto de vista, e pelo que a clínica parece indicar, a menina percorre, ainda hoje, a sequência que a leva a desejar passar pela experiência da maternidade. Atualmente a equação "pênis-filho" continuará a ser a via exclusiva de saída, rumo à feminilidade, selando o destino da mulher nessa única direção? Possivelmente não, mesmo que continue a existir e a manifestar sua primazia, tanto no que se nota nos destinos das mulheres como mães, como nos desejos que elas expressam no consultório dos analistas. Mas talvez o deslocamento libidinal em jogo na equação pênis-filho já não seja nem exclusivo nem excludente. Mesmo assim, a multiplicação das clínicas de reprodução assistida é efeito da demanda feminina: "também um filho".

Novos caminhos estão abertos ao desejo feminino no campo das criações artísticas e culturais em geral e das realizações pessoais, profissionais e econômicas, antes barradas. Se no início do século XX os horizontes começavam a se abrir, eles incluíam apenas tarefas mal remuneradas e muito semelhantes à maternidade e aos cuidados do lar: enfermeiras, professoras, secretárias, governantas, criadas. Essas fronteiras se ampliaram em prol de um leque de possibilidades vocacionais quase sem limites. Existiram pioneiras transgressoras dos costumes em uso, e elas conseguiram transmitir para as gerações seguintes, novos conteúdos identificatórios.

Assim, nos dois níveis das identificações cunhadas na passagem pelo complexo de Édipo[29] das meninas, descritas por Freud, ecoam as características das "novas mães", que não têm como única saída a maternidade e que agregam a essa função àquela que desempenham fora do lar. Decerto continua a existir a identificação tradicional com a mãe que alimenta, higieniza, ensina, protege e é desejada pelo pai, mas a isso vêm se somar as recentes identificações com a mãe que trabalha, ganha dinheiro, tem ambições, presença pública etc. No âmago da constituição dos processos de subjetivação, ou seja, nos processos identificatórios egoicos e superegoicos, efeitos do processamento edipiano, já se instalaram novos atributos femininos.

Tudo isso não deixa de ter efeitos sobre a diferença entre as características culturais que definem os gêneros. Tal diferença tende a diminuir e, junto com ela, o peso da heterossexualidade compulsória e o tabu da homossexualidade. Não existem dúvidas sobre o fato de que as causas psíquicas da assunção do posicionamento heterossexual ou homossexual se processam no interior da problemática edipiana. Mas o menor grau de interdição da escolha homoerótica (uma vez produzida) propicia sua plena aparição no contexto social, sem os constrangimentos legais extra ou intrapsíquicos que a caracterizaram em outro momento histórico.

---

29 A referência aqui é o exposto no capítulo 1 deste livro, sobre as identificações com a mãe fálica e com a mãe castrada.

Na vertente masculina da sexuação, e uma vez posta a continuidade da primazia, acima apontada, do referencial fálico, o complexo de castração deve continuar guiando o trânsito edipiano, até concluir nas identificações com o pai e com a mãe, formadoras do superego[30]. Mas assim como existem "novas mães", também há "novos pais". Os maridos e os filhos das míticas pioneiras já cunharam novos traços identificatórios que a prole atual recebe como "herança" identificatória egoica e superegoica e que continua a modificar. De novo, as notícias que se recebem de nossa cultura e a fala dos pacientes em análise indicam profundas transformações. Assim, por exemplo, mesmo se mantendo a desigualdade[31], uma parte não desprezível da população masculina colabora no cuidado dos filhos e nas tarefas do lar, participando da famosa "dupla jornada" de trabalho.

Nem a desigualdade dos destinos masculino e feminino de outrora nem a menor hierarquização de hoje, porém, devem fazer perder de vista que também atualmente, como antes, *ambos* os gêneros são subjugados, no momento do ingresso de cada sujeito na cultura. Se em outros tempos se selava a inferioridade da mulher, desde o mais profundo do psiquismo dela própria, não se deixava ao homem ileso: a escravidão ao superego cruel que deveria construir poderia levá-lo a sacrificar sua vida na guerra ou no trabalho, destinos que lhe eram exclusivos. Todas essas condições se abrandaram no último século. Cederam a humilhação feminina e o masoquismo moral masculino. Mas a renúncia

---

30 Ver o capítulo 1 deste livro.

31 No artigo citado da *Folha de S. Paulo*, aparece o dado de que os homens que cumprem "dupla jornada" dedicam duas horas por dia às tarefas do lar, enquanto as mulheres destinam quatro horas a esses afazeres.

pulsional, ainda vigente no interior da travessia edipiana, continua sendo condição necessária para o ingresso no mundo humano e a via de entrada para a sujeição aos determinantes que atuam nele. Atinge os dois gêneros e continua a constrangê-los para que percorram os caminhos prescritos para eles na sua cultura de origem, variável no tempo histórico.

A "escolha" de patologia

O domínio de determinação do complexo de Édipo *em sentido estrito* exerce-se em duas vertentes: a da sexuação e a da "escolha" de psicopatologia. Em conjunto, a interseção desses dois campos define modos de subjetivação.

Pode ser necessário lembrar que neste mesmo capítulo foi proposta a hipótese de que o falicismo continuava a ser um valor presente na cultura contemporânea, a despeito do progressivo declínio do patriarcado. Como consequência disso, deduziu-se que o complexo de castração conservaria sua vigência, ainda como dispositivo do complexo de Édipo, ou seja, como instrumento a serviço da proibição do incesto. As duas vertentes antes mencionadas, a da sexuação e a da "escolha" de patologia, portanto, estariam na dependência dos avatares sofridos no processamento de tal complexo no psiquismo dos sujeitos. Dos destinos da primeira dessas vertentes, constitutiva do masculino e do feminino, tratou-se nos pontos anteriores deste capítulo. A segunda será o tema a seguir.

Os destinos da interdição

Como acaba de ser lembrado, o complexo de castração a serviço da proibição do incesto, e portanto no centro do complexo de Édipo, especifica-se como o operador capaz de cristalizar diferentes modalidades de subjetivação. Essas modalidades podem ser organizadas em três grandes categorias: neuroses, perversões e psicoses, que podem ser teorizadas, ou não, como mutuamente excludentes.

É importante destacar que, até poucas décadas atrás, tais categorias eram organizadas às expensas do combustível do pai. Seriam atualmente seus herdeiros, isto é, os novos poderes da cultura contemporânea, que as alimentariam hoje? Isso parece bastante provável, desde que se considere que o complexo de castração continua vigente e operando na interdição do incesto, por meio dessas novas potências, tal como foi proposto neste capítulo.

Mas não se trata somente da substituição de umas por outras forças. Mudaram muitas regras e valores na nossa cultura, nos sistemas políticos, sociais, econômicos. No entanto, o que é relevante é que as novas influências que atuam na contemporaneidade seriam ainda mais extensas e inclusivas do que a potência paterna. Resultaria possível, então, que obtivessem mais sucesso ainda, ao longo da "formação permanente" a que ficariam expostos os sujeitos, primeiro no seio das famílias e depois através das instituições formais (escola, Estado, empresa etc.) e informais (mídia, propaganda, grupos de pertencimento etc.).

Dos estilos psicopatológicos antes enunciados, é sem dúvida a neurose, centrada no recalque, aquela que evidencia um maior grau de captura por parte das proibições fundantes e, portanto, das regras, das normas e dos valores culturais que nelas se alicerçam. Não seria difícil deduzir, então, que *o campo de abrangência das neuroses tivesse se ampliado na cultura contemporânea*, pelas razões acima apontadas, ligadas à contínua e intensa exposição do sujeito. Talvez, inclusive, caiba perguntar-se se não seria a neurose histérica (tanto de conversão quanto de angústia) aquela que se apresentaria com mais frequência na clínica atual. Essa hipótese aparece com mais força quando se lembra de que essas novas determinantes que atuam em nossa cultura utilizam quase exclusivamente o estilo da sedução: "motivam" e prometem mundos e fundos de prazer, inclusive no cumprimento do dever. Pode-se evocar aqui Zizek e seu conceito de superego pós-moderno. A propaganda, a mídia, mas também a escola, as empresas e a família atual são homogêneas nessa posição sedutora.

É importante destacar que as hipóteses que acabam de ser expostas divergem profundamente das que foram propostas por muitos dos psicanalistas da atualidade, já debatidas em capítulos anteriores. Eles assinalavam a perversão generalizada, as psicoses, os sujeitos em "estado-limite", como os destinos psicopatológicos mais prováveis na contemporaneidade. As conclusões desses autores, aliás, constituíram-se em elementos de reflexão muito presentes na elaboração deste livro. A clínica cotidiana da autora, de seus supervisionandos, assim como a de muitos de seus colegas, não parecia confirmar aquelas inferências de que as neuroses entraram em colapso junto com o pai. Essa foi uma das razões para que, neste trabalho, se compartilhasse da hipótese da vigência e da maior penetração das proibições fundantes, questão que testemunha em favor de *uma maior pertinência das neuroses como sintoma social dominante*.

Novas patologias?

Nos últimos anos, as assim chamadas "novas patologias" têm ocupado, com frequência, o palco das publicações, dos debates, dos cursos, das mesas-redondas. Síndrome de pânico, anorexias e bulimias, estresse, depressões etc. têm sido objetos de vivo interesse, como signos representativos da atualidade.

Por que essa epidemia de doenças contemporâneas? Seriam elas reveladoras de novos modos de subjetivação? Poderiam ser organizadas segundo as categorias conhecidas – em especial a das neuroses – ou abalariam suas bases? Sua proposição como entidades clínicas resultaria homogênea ou heterogênea com relação aos modelos psicopatológicos psicanalíticos?

Sem a pretensão de esgotar tão vasto tema, é possível arriscar algumas reflexões para problematizar sua pertinência.

Algumas dessas novas doenças foram propostas no âmbito teórico definido pelos psicanalistas já discutidos neste livro, em capítulos anteriores. Suas posições foram debatidas e se revelaram em franca oposição com as hipóteses aqui desenvolvidas. Também se discordou, nesta pesquisa, dos pressupostos nos quais se apoiam para enunciar as novas patologias como situadas fora do campo das neuroses.

Outra fonte de novidades vem de espaços teóricos muito afastados, na atualidade, da Psicanálise. Com efeito, a psiquiatria contemporânea define patologias, constrói etiologias e medica as síndromes surgidas de sua metodologia, as quais foram propostas a partir da descrição minuciosa de quadros sintomáticos já conhecidos por séculos, mas que são, efetivamente, típicos e frequentes hoje. O panorama do diagnóstico e do tratamento é dominado por uma vocação de objetividade, como corresponde a uma ciência natural. As hipóteses etiológicas estão ligadas à ação dos neurotransmissores que se constituem em causas eficientes dos transtornos. A psiquiatria é coerente em seu método, em seu modo de atuação e em seus resultados.

No entanto, o problema começa em outro lugar. Alguns analistas, talvez seduzidos pelo prestígio do saber psiquiátrico contemporâneo, acabam importando desse saber, para seu campo, as "novas" psicopatologias. Adotam como líquidas e certas as entidades clínicas que foram propostas como quadros *sintomáticos*. Reelaboram os dados à luz de conceitos psicanalíticos e propõem ilustrações clínicas. Constroem novos conflitos que dariam conta das patologias, consideradas expressivas das condições de vida contemporâneas.

Terá validade esse esforço que propõe produtos híbridos da psiquiatria e da psicanálise? Ou seria mais interessante desconstruir essas categorias?

Na direção dessa proposta de desconstrução, é interessante colocar, em primeiro lugar, que o psicanalista não se interroga sobre a problemática de um sujeito nem teoriza seu domínio a partir dos *sintomas*, mesmo que eles tenham sido minuciosamente descritos. Na clínica, ele propicia a escuta na transferência e na contratransferência, escuta que oferece à queixa sintomática do paciente. Não se trata, no entanto, de o analista desdenhar o valor dos sintomas ou de considerá-los uma "aparência" da qual teria que desentranhar a "essência". Ele os entende como construções psíquicas sobredeterminadas. Existem patologias diferentes que podem construir quadro sintomático idêntico e, o inverso também é verdadeiro: um mesmo tipo de padecimento psíquico tem possibilidades de dar origem a conjuntos de sintomas diferentes. Em síntese, para um analista, o sintomático não define uma patologia, seja essa nova, clássica ou antiga. Por esse motivo, teórica e clinicamente, não é possível importar da psiquiatria o pacote das "novas patologias" e acomodá-lo numa estante psicanalítica. Essas entidades clínicas psiquiátricas são muito diversas das que se constroem nas categorias da análise.

Como se sabe, a psicanálise não organiza sua psicopatologia a partir de conjuntos de sintomas, nem considera esses conjuntos capazes de definir unidades clínicas mínimas suficientes para satisfazer padrões práticos e teóricos. Pelo contrário, considera esses sintomas como manifestações de conflitos que fazem parte do particular estilo de subjetivação do paciente. Esse estilo, que revela com frequência as vicissitudes intrapsíquicas das proibições fundantes, pode-se constituir em objeto clínico e teórico da psicanálise.

No entanto, permanece a questão: esses "novos" conjuntos de sintomas apontariam para a presença de novas formas de subjetivação passíveis de serem descritas pela psicanálise?

Um percurso pelas novas psicopatologias

Quando um psicanalista recebe um paciente, é frequente hoje se encontrar com uma situação recorrente: ele já chega rotulado com a etiqueta de alguma das novas patologias, seja porque a recebeu em outras consultas, seja porque se autodiagnosticou por meio de informações da mídia, seja porque assim foi encaminhado por alguém. O analista oferece sua escuta e, aos poucos, tanto a fala do paciente como as figuras e relações que se encarnam na transferência deixam-lhe a impressão de que a "nova doença" se dissolve em questões e conflitos que são conhecidos, familiares.

Assim acontece, por exemplo, com a síndrome do pânico. A partir da escuta analítica e das vicissitudes da transferência, ela se revela, com frequência, como variedade da histeria de angústia, com a consequente formação de fobias (da morte, da *aids* ou de outras doenças) que acionam estados de desorganização psíquica alimentados por extrema ansiedade, causa de arritmias cardíacas, de sudoração fria e de outros mal-estares físicos. O sujeito desamparado sente-se ameaçado por destinos terríveis, que redundam nos ataques de pânico. No entanto, existem outros pacientes, rotulados do mesmo modo, em quem aos poucos se nota, na escuta psicanalítica, que as angústias que caracterizam idêntico quadro sintomático não têm origem neurótica, histérica. Trata-se, às vezes, de ansiedades psicóticas, muitas vezes hipocondríacas, que anunciam a iminência de uma crise de despersonalização. Outras vezes, uma neurose de angústia, deficitária de mecanismos psíquicos, parece delinear-se. Como se indicava acima, não é possível, a partir meramente dos sintomas da síndrome, deduzir qual conflitiva ou categoria psicanalítica preside o estilo do subjetivação do paciente. Dito de outro modo: a síndrome do pânico, na prova da clínica, não parece apontar para a possibilidade de caracterizar uma nova categoria psicopatológica *unitária* que pudesse defini-la.

Algo semelhante ocorre com anorexias e bulimias. Na escuta analítica que com frequência revela a conflitiva inconsciente encenada na transferência, esses quadros aparecem, às vezes, como neuroses histéricas de conversão. O recalque do feminino e a conflitiva inconsciente com a figura materna com o retorno sintomático por meio dos transtornos alimentares refletem, com frequência, a capacidade de ligação das pacientes com os padrões estéticos em voga na atualidade. Elas estendem esses paradigmas ao nível das caricaturas, guiadas pelas identificações imaginárias aos emblemas da mulher contemporânea – identificações essas que constroem uma fachada que oculta o recalque do feminino que as caracteriza. No entanto, o mesmo conjunto de sintomas pode aparecer em jovens psicóticas negativistas e melancólicas. Mais uma vez, "panicado" ou "anoréxico" não passam de expressões do fenomênico que não informam sobre o estilo peculiar de subjetivação em questão.

Que dizer, então, das depressões e do estresse? Toda a gama do espectro psicopatológico psicanalítico, desde as diferentes variedades de neuroses até as psicoses, passando pelas perversões, é capaz de construir esses sintomas.

Novos sintomas e histeria

O caminho percorrido no item anterior parece levar a supor que talvez não seja pertinente, por enquanto, falar de novas patologias a partir de um ponto de vista psicanalítico, como estilos de subjetivação que permitam categorizações unitárias delas.

Isso não significa que não apareçam novos sintomas. No entanto, talvez fosse mais adequado falar de seleção e extensão de manifestações sintomáticas que já foram descritas séculos atrás. Ao mesmo tempo, tendem a desaparecer muitos sintomas antigos, em especial os que caracterizavam às histéricas. As cegueiras temporárias, os desmaios, as paralisias transitórias, as convulsões pseudoepilépticas, que constituíam a regra nos tempos freudianos, são pouco frequentes na atualidade[32]. As mudanças nos quadros sintomáticos histéricos talvez possam ser compreendidas quando se lembra da enorme capacidade, característica dessa neurose, de estar ligada ao que circula de valioso, interessante ou desprezível na mídia e nos valores da cultura em geral. Acontece que os sintomas clássicos, descritos acima, já foram denunciados como histéricos, e a psicanálise colaborou amplamente com essa denúncia, bem como participou de sua difusão na mídia. Assim, a "condenação" social dos sintomas histéricos já foi extensamente propagada, e seus portadores estigmatizados, nos últimos cento e cinquenta anos. Quem gostaria de ser tachado de histérico? Não se trata de paradigmas a que se possa aspirar. Em troca, novos modelos de sintomas são oferecidos. Por exemplo, os que se referem a valiosos padrões estéticos contemporâneos, os quais orientam algumas das anoréxicas e bulímicas em suas construções sintomáticas. E ainda existe um reforço para a produção de sintomatologias histéricas. Para compreendê-lo é importante lembrar a intensa atividade de conexão e de "imitação" identificatória que caracteriza essa neurose. A mídia difunde os "novos modelos" de doença propostos pela psiquiatria e prestigiados pela referência científica com o apelo aos neurotransmissores. Esses últimos afastam o perigo de que os portadores desses sintomas possam ser estigmatizados como problemáticos ou neuróticos. O famoso "contágio" histérico, amplamente descrito por Freud, obtém dessa mídia seus emblemas e a epidemia estende seu circuito.

---

32 Cabe esclarecer que é raro o aparecimento desses sintomas nos consultórios em que se atendem pacientes de classe média. Nos hospitais que recebem a população de baixa renda, ainda se encontram esses quadros "clássicos".

187

Conclusões

A pesquisa empreendida neste livro foi-se organizando a partir de uma interrogação central[33]: a universalidade e a transcendência que Freud atribui ao complexo de Édipo podem ser questionadas? Em outros termos: esse complexo deve ser considerado uma constante capaz de atuar em todos os tempos e lugares, decidindo, desde sempre, as modalidades possíveis de subjetivação sexuada humana, organizadas a partir da proibição do incesto?

Para fazer trabalhar essa pergunta, foi proposta uma dupla relativização do conceito freudiano, ao mesmo tempo teórica e histórica. Assim, no contexto de hipóteses de Foucault, a proibição do incesto, que preside o complexo de Édipo, foi situada num panorama que deu perspectiva temporal a sua vigência. Ao mesmo tempo, essa interdição maior foi definida como uma variável dependente de outros articuladores teóricos (os poderes e seus dispositivos), por

---

33 Ver Introdução deste livro.

sua vez transformados no decurso histórico e dele transformadores. Esse contexto permitiu reconsiderar criticamente a abrangência universal e transcendente que caracterizou o conceito de complexo de Édipo na obra de Freud e nas obras de muitos dos seus seguidores. Desse modo, propuseram-se determinadas condições de existência do domínio do conceito citado, que assim ficava sujeito a sofrer variações conforme essas condições se alteraram.

Isso trouxe à tona outra questão: seria necessário desconsiderar o complexo de Édipo e asseverar que ele já não tinha validade? A nova pergunta foi trabalhada e se concluiu que, considerado *em sentido amplo*, como derivado da proibição do incesto, o complexo conservava sua validade, bem como a da proibição. No entanto, se considerado *em sentido estrito*, ou seja, a partir das últimas construções freudianas sobre o tema, tal complexo poderia exigir revisões ou reformulações. Com efeito, foi nessas teorizações finais que o Édipo apareceu com clareza como determinante dos processos de subjetivação, tanto no que se refere à sexuação, como no que determina a "escolha" de neuroses. Com relação à primeira, nas últimas décadas houve profundas transformações quanto às características da feminilidade e da masculinidade e sua relação recíproca, assim como no seio das famílias que lhes serviam de suporte identificatório. Com relação à segunda, a "escolha de neurose", o tema amplamente debatido na atualidade das "novas psicopatologias" exige sua problematização: elas realmente existem? Elas têm o significado de formas de subjetivação contemporâneas que não existiam antes? Novos homens, novas mulheres, novos sintomas chamam a atenção sobre sua relação com a problemática edipiana e sobre a questão de ser necessário, ou não, reformular de seu trajeto.

Dados os questionamentos, foi preciso empreender a ampla revisão das teorizações freudianas sobre o complexo de Édipo ao longo de sua obra[34]. Distinguiu-se, então, em primeiro lugar, a pré-história do conceito e, em seguida, o recorte do que poderia ser considerado a presença de quatro modelos sucessivos do complexo, nem sempre cronologicamente ordenados. O primeiro deles poderia ser chamado de "natural", simples e heterossexual. Seguir-se-ia um segundo, que sublinharia o mandato cultural da interdição incestuosa e indicaria sua herança filogenética. O terceiro modelo juntaria a Natureza às identificações, produzindo-se um complexo composto, homo e heterossexual, capaz de estruturar o aparelho psíquico e de constituir o superego. Finalmente, uma última síntese propõe o complexo de castração como determinante no interior do Édipo, especificando como consequências tanto a sexuação feminina ou masculina como a "escolha" de patologia.

Do conjunto dessa exposição resultou um capítulo que não tinha outra pretensão que a de ser o mais fiel possível à teorização de Freud. A intenção explícita que determinou sua inclusão neste trabalho foi a de firmar um contexto conceitual exclusivamente freudiano, que assegurasse os subsídios teóricos dos quais este livro é majoritariamente tributário.

Uma vez cumprido tal objetivo, foi possível retomar a questão da vigência atual do complexo de Édipo[35]. Uma primeira aproximação do problema foi definida pelo diálogo com os textos de outros psicanalistas que refletem sobre problemas afins. Foram selecionados alguns deles,

---

34 Ver o capítulo 1 deste livro.
35 Ver o capítulo 2 deste livro.

da escola francesa, em função de um critério explícito: a inclusão central da conflitiva edipiana por parte desses autores quando se questionavam sobre os sujeitos contemporâneos e sua problemática.

J. A. Miller e sua escola relativizavam de modo tão absoluto o complexo que este perdia totalmente seu monopólio. As modalidades de subjetivação plasmadas nos nós borromeanos eram consideradas múltiplas e aleatórias. Embora este livro tenha ressaltado a proposta como muito interessante, assinalou também que ela não se interessava por questões ligadas a uma genealogia que indicasse se o complexo de Édipo poderia ser considerado como um sintoma, privilegiado em determinada época histórica, que perdeu sua exclusividade.

Os outros psicanalistas considerados poderiam ser incluídos num mesmo conjunto, apesar de sua aparente diversidade. Rassial, Lebrun e Melman denunciaram os efeitos da decadência da função paterna em nossa época e o vazio de autoridade que ela criou. Como resultado, as proibições fundantes – incesto e assassinato – correriam o risco de não serem mais transmitidas. No melhor dos casos, poderiam ser burladas ou permaneceriam em suspenso. Os novos homens e mulheres ficariam sujeitos a uma adolescência sem fim, ou destinados à perversão e até à psicose. Os psicanalistas adeptos dessas teorias fariam do tratamento analítico uma espécie de militância política para restaurar o poder paterno decaído.

Três tipos de razões levaram à crítica dessas posições.

Em primeiro lugar, tratar-se-ia de uma proposta impossível: que poder teria a análise, que não deixa de ser um recurso de nossa cultura, para modificar o peso e a ação das injunções culturais nos sujeitos? Mesmo se a tarefa fosse viável e se a psicanálise tivesse, via transferência, esse poder, o resultado seria totalmente artificial, passível de produzir um sujeito que habitara uma terra dos Pais, que não mais existiria, segundo esses mesmos autores.

Em segundo lugar, se os novos tempos produzissem pseudossujeitos adolescentes, perversos ou psicóticos, por que os analistas seriam uma exceção? Cabe o recurso de argumentar que eles se transformaram em sujeitos normais nas suas próprias análises; nesse caso, porém, elas teriam cumprido uma função "ortopédica" e, portanto, não analítica.

Finalmente, um terceiro grupo de argumentos, de maior peso, poderia ser contraposto às considerações dos autores tratados. Pode-se concordar com eles quanto às afirmações sobre a decadência da figura paterna; deduzir disso a falência da humanidade como tal, porém, parece excessivo, saudosista, anti-histórico. O lugar do pai tem-se esvaziado de muitos de seus atributos. Representante maior do poder soberano e do dispositivo da aliança, a figura paterna decaiu junto com eles. No entanto, outros determinantes ocuparam seu lugar, produziram novos representantes e ainda transmitem as proibições fundantes. Tal ponto de vista, apoiado em hipóteses de Foucault, foi ilustrado pelas reflexões de Agamben. Esse autor refere-se à ameaça de exclusão da humanidade, a qual pesaria sobre todos os sujeitos contemporâneos e se atualizaria de um modo concreto acima daqueles que não respeitassem os padrões normativos e axiológicos, éticos e estéticos do biopoder, hegemônico em nosso tempo. Novas angústias colonizariam o espaço das clássicas e, em decorrência, o homem atual não seria mais livre, anômico ou desregrado que o tradicional. Não existiria um *laissez-faire*, um vazio na cultura, no âmbito antes ocupado pela normativa paterna.

Foi necessário avançar na direção assinalada por essa última afirmação. Para alimentar o debate, selecionou-se um outro grupo de psicanalistas, desta vez brasileiros[36]. Birman, Gondar, Antunez e Santos constituíram o conjunto de autores escolhidos, a partir de suas intervenções em diferentes publicações. Compartilhariam entre eles, e com os pressupostos deste livro, um ponto de vista: na contemporaneidade não existiria um vazio de poder, efeito da decadência da figura paterna; pelo contrário, novos poderes ocupariam o espaço da potência perdida pelo pai. No entanto, para eles, os novos poderes não seriam capazes de sustentar os processos de constituição subjetivos na atualidade, e os indivíduos ficariam total ou parcialmente fora da simbolização, exteriores ao atravessamento pela cultura, outrora garantido pela potência paterna. Como efeito disso, aqueles psicanalistas assinalaram a frequência, na contemporaneidade, da incidência de neuroses traumáticas e atuais, psicoses, subjetivação na linha do feminino generalizado, segundo cada um deles enfatizara a vertente do déficit simbólico, da falência da interdição incestuosa ou da sujeição parcial ao significante fálico.

Que motivos existiriam para discordar dos autores examinados, apesar de partirmos de pressupostos semelhantes? Também neste livro se afirmou que o poder paterno estaria em falência e que novos poderes o substituiriam. No entanto, a diferença dos psicanalistas citados, a suposição sustentada foi a de que esses novos poderes seriam capazes de manter vigentes as proibições fundantes e, portanto, de acionar os processos de subjetivação. As hipóteses baseadas

---

36 Ver o capítulo 3 deste livro.

em Foucault, enunciadas na Introdução, foram o apoio do argumento: a contemporaneidade se situaria num espaço de passagem entre os dispositivos da aliança e os da sexualidade. Nessa fronteira de intersecção, a lei de interdição do incesto ainda estaria vigente. Uma breve passagem por alguns textos de Zizek, Deleuze e Hardt forneceu subsídios para essa hipótese. Com efeito, o sujeito zizekiano estaria ainda mais submerso na cultura do que o sujeito tradicional e estaria impossibilitado de ensaiar qualquer revolta, já que seria escravo de um superego ardiloso que ocultaria seu domínio. Também Deleuze e Hardt denunciaram o maior grau de submissão aos mandatos culturais, presente nos modos de subjetivação contemporâneos. As normas e os valores das instituições disciplinares não acompanhariam a decadência dessas instituições nas sociedades de controle atuais. Pelo contrário, tais normas e valores se teriam generalizado, aprofundado e expandido por todo espaço social. Os sujeitos, em vez de serem mais livres, passariam a ser tributários de uma espécie de "formação permanente", exercida em todo tempo e em todo lugar. Assim, ficariam continuamente expostos às injunções culturais.

Levando em consideração os autores citados, a hipótese antes enunciada ficou reforçada: no espaço antes ocupado pelo patriarcado, atuariam hoje outros determinantes, talvez mais intensivos que os que os antecederam. Não desobrigariam os sujeitos constituídos sob seu domínio à renúncia incestuosa, à troca e ao laço social. As novas potências continuariam a arrebanhar infantes e a transformá-los em seres colonizados pela cultura. A mídia, a propaganda, a escola, a medicina, a tecnociência, as empresas, o Estado etc. seriam os representantes desses novos poderes, assim como o pai foi o delegado proeminente dos antigos. A isso se somaria a influência de determinados elementos que ainda trabalhariam no sentido de outrora: a persistência da família como espaço primeiro de subjetivação, a confluência das velhas hegemonias com as mais recentes e o desnível incontornável entre adultos e crianças, interiorizado como sustentáculo das hierarquias.

A pesquisa bibliográfica continuou e se deteve em *Fim do dogma paterno*, de M. Tort. A sintonia das hipóteses expostas neste texto com o livro mencionado se revelou de grande amplitude e trouxe novos elementos para sua continuação[37].

Tort analisou, na obra citada, as consequências da decadência da figura paterna. Tal como nas hipóteses deste livro, apontadas acima, também afirmou que a potência perdida pelo pai não determinava a dissolução da sociedade na libertinagem. Essa potência foi transferida para as mães, para o Estado, para as instituições formais e informais da sociedade etc. A partir desses lugares continuou atuando, a assegurar a vigência da proibição do incesto e as condições para os processos de subjetivação e de inclusão na cultura. Por isso, Tort não concordou, assim como este livro, com os analistas do que denominou de *"vulgata* lacaniana". Considerou que, como decretavam a falência da cultura, junto com a do pai, propunham patologias inexistentes a partir de pontos de vista anti-históricos.

Analisando a genealogia dos poderes e de seus dispositivos, esta pesquisa afirmava a historicidade da cultura, produzindo sistemas de normas e valores que mudavam com o tempo. Analogamente, Tort apontava, de modo muito original, para a multiplicidade das ordens simbólicas e

---

[37] Ver o capítulo 4 deste livro.

denunciava aqueles que definiam a subjetivação a partir da ordem simbólica patriarcal, como se fosse a única possível.

Para poder fazer uma leitura do complexo de Édipo que respeitasse as mudanças culturais, Tort sugeriu considerar, nesse complexo, elementos constantes (as escolhas de objeto incestuosas, a interdição, as identificações) e elementos variáveis ao longo da história (relações com o poder paterno e como primado fálico). Essa proposta complementou e especificou outra, expressa na Introdução deste livro, que atendia ao mesmo objetivo: considerar aquele complexo em *sentido amplo* (como determinado pela proibição do incesto) e em *sentido estrito* (o estilo patriarcal de lidar com essa proibição). Para Tort, não haveria Édipo em extinção. Apesar das mudanças nas relações entre os gêneros e as gerações, bem como na organização familiar, o sistema tradicional de distribuição das funções maternas e paternas continuaria sendo dominante e se transmitiria em linhas gerais. Em outras condições, o Édipo se processaria a partir de suas constantes.

Tomando como ponto de partida as hipóteses elaboradas ao longo deste livro, reforçadas e complementadas no diálogo com o texto de Tort, ficou clara uma continuidade lógico-formal. Se o complexo de Édipo em sentido amplo era considerado vigente na contemporaneidade a partir da hipótese de que novos poderes sustentavam as interdições fundantes, faltava revisar mais cuidadosamente o complexo de Édipo em sentido estrito[38].

Para fazê-lo, contextualizando-o, ele foi definido como uma metodologia historicamente datada para se haver com a proibição do incesto. Seria a norma pela qual um sistema

---

[38] Ver o capítulo 5 deste livro.

patriarcal organiza uma modalidade de lidar com essa interdição. Não se trataria de uma forma universal, como Freud pensava, embora tivesse um espectro de atuação temporal muito amplo, já que, na história da humanidade, não se registraram, até datas muito recentes, outros sistemas que não os patriarcais. No entanto, uma hipótese importante sustentada neste livro foi a de que, nesses sistemas, o pai exercia sua função por delegação. De fato, ele foi o instrumento de poderes que resolveram, durante milênios e por sua mediação, a problemática da produção de sujeitos úteis para os objetivos gerais das sucessivas sociedades. Por esse motivo, ficou a seu cargo o ônus de fazer respeitar a proibição do incesto.

O valor central desses sistemas patriarcais foi o falocentrismo e a consequente valência diferencial dos gêneros. Em decorrência disso, no centro dos processos edipianos em sentido estrito, Freud conseguiu recortar o complexo de castração. Segundo outra hipótese de importância para este livro, o complexo de castração teria o sentido de uma estratégia patriarcal a serviço da proibição do incesto. Seu agente, novamente, foi o pai. Freud deduziu, desse complexo, consequências centrais: a partir dele se faria efetivo o abandono do objeto incestuoso e se declinariam as vertentes do masculino e do feminino, com suas identificações egoicas e superegoicas concomitantes; também se efetuariam as "escolhas" de patologia.

Obviamente, a questão seguinte no percurso desta pesquisa estava relacionada à contemporaneidade: sem a força unificadora do agente pai aplicada no centro do complexo de castração, a situação descrita por Freud continuaria vigente?

Para responder a esse interrogante, foi necessário um percurso comparativo pelas características da cultura em

1900 – data oficial do nascimento da psicanálise – e na atualidade. Constatou-se, então, a desaparição virtual do patriarcado na contemporaneidade ocidental.

No entanto, informações atuais trouxeram um sinal de alerta: sob o ângulo da legislação civil, trabalhista, criminal etc., não se registravam mais diferenças entre homens e mulheres, pais e mães, pais e filhos adultos; o mesmo, porém, não acontecia na vida concreta das sociedades. A aparente igualdade democrática acabava traduzindo-se em salários até 50% menores para as mulheres, a despeito da maior capacitação profissional, traduzida em anos de escolaridade delas em relação aos homens. Somente 4% dos cargos de alto nível em empresas e repartições era ocupado por mulheres. O ônus da "dupla jornada de trabalho" também afetava majoritariamente o gênero feminino – e isso em 30% da humanidade, para a qual a igualdade de direitos para ambos os sexos era real e efetiva.

Em função desses elementos, foi necessário formular outra hipótese. Embora o patriarcado estivesse virtualmente superado em uma porção do mundo, seu valor central, o falicismo, continuava presente, mesmo que atenuado. Isso significaria que os novos determinantes atuantes na cultura, através de seus atuais agentes e representantes – a mídia, a propaganda, a escola, o Estado, a tecnociência, a medicina, a economia liberal etc. –, continuavam a sustentar um falicismo abrandado.

A hipótese derivada disso foi que também na atualidade era necessário reconhecer a importância e a eficácia do complexo de castração, mesmo tendo ele se deslocado de seu contexto original, ou seja, o patriarcado. Deduziram-se daí novas declinações possíveis das vertentes feminina e masculina da sexuação. Talvez as novidades pudessem ser especificadas mais pelos conteúdos identificatórios que definiriam os homens e as mulheres atuais, do que por diferenças de procedimento[39].

O complexo de Édipo em sentido estrito permaneceria parcialmente vigente. Já não se apoiaria no pai nem no patriarcado, mas continuaria relativamente falocêntrico. A riqueza dos novos conteúdos identificatórios e a amplitude das sublimações – especialmente propiciadas para a feminilidade, antes tão limitada – dariam conta das características dos sujeitos contemporâneos.

No entanto, se o complexo de Édipo em sentido estrito continuava parcialmente vigente, isso implicaria consequências que não se registrariam somente na vertente da sexuação; também no espaço da "escolha de patologia", as opções possíveis se desenhariam em torno dos destinos desse complexo no psiquismo e das vicissitudes que poderiam determinar que chegasse ou não a ser processado.

Classicamente, esses destinos foram definidos como capazes de dar consistência a diferentes tipos de patologias, conhecidas como neuroses, perversões e psicoses. A hipótese desta pesquisa seria que, como os atuais agentes dos novos poderes que herdaram a potência paterna, continuariam a sustentar a interdição edipiana, assim também seus sucessos e falhas seguiriam alimentando as opções tradicionais de "escolha" de patologia. No entanto, e como foi já bastante enfatizado, esses poderes se tornariam ainda mais intensos e inclusivos do que havia sido a potência paterna. Os sujeitos submetidos à "formação permanente" ficariam mais longa e profundamente expostos a sua influência. O

---

39 Ver o capítulo 5 deste livro.

resultado poderia ser que as neuroses – e não as perversões e psicoses – fossem seus destinos mais prováveis. Seria no âmbito das primeiras, sob o regime do recalque, que a captura pelas interdições e demais injunções culturais resultaria mais completa na constituição subjetiva.

As modalidades normativas contemporâneas não incitariam ao desafio obsessivo, na medida em que, mais que ordenar, motivariam, convenceriam, explicariam e muito especialmente utilizariam a persuasão e a sedução. A propaganda, a mídia, e também a família atual, a educação formal e a empresa, seriam homogêneas nessa vertente sedutora. Esse estilo talvez promovesse a histeria como patologia cultural dominante na contemporaneidade.

Se assim fosse, a partir da histeria e suas potencialidades identificatórias, ficaria o caminho aberto para a "imitação", o contágio, a epidemia do que a cultura propõe, trate-se de padrões estéticos a serem reproduzidos, de modelos socialmente prestigiados de adoecimento e cura ou de estilos pessoais extravagantes e bizarros. Muitas das assim chamadas "novas patologias" se incluiriam no interior desse paradigma. Nesse caso, uma boa parte das síndrome de pânico, anorexias e bulimias, "neuroses traumáticas", depressões crônicas etc. não exigiriam a construção de categorias clínicas diferentes das que já existem[40]. E – o que é igualmente importante em relação a essas "novas" queixas sintomáticas – a escuta analítica na transferência, no contexto do enquadre seria a proposta pertinente para o trabalho analítico com essas patologias frequentes na atualidade.

---

40 Ver o capítulo 5 deste livro.

Referências bibliográficas

AGAMBEN, G. *Homo sacer*: o poder soberano e a vida nua. Belo Horizonte: UFMG, 2002.

ALONSO, S.; FUKS, M. *Histeria*. São Paulo: Casa do Psicólogo, 2004.

ANDRÉ, J. Los estados fronterizos: nuevo paradigma para el psicoanálisis. Buenos Aires: Letra Viva, 2000.

ANTUNES, M. C.; SANTOS, T. C. Novas subjetivações ou novos sintomas. In: PINHEIRO, T. (Org.). *Formas de subjetivação contemporâneas*. Rio de Janeiro: Contra Capa, 2003.

BADINTER, E. *Rumo equivocado*: o feminismo e alguns destinos. Rio de Janeiro: Civilização Brasileira, 2005.

BERLINCK, M. T. Psicanálise da clínica cotidiana. São Paulo: Escuta, 1988.

_____. (Org.). *Histeria*. São Paulo: Escuta, 1997.

_____. *Psicopatologia fundamental*. São Paulo: Escuta, 2000.

_____. (Org.). *Obsessiva neurose*. São Paulo: Escuta, 2005.

BIRMAN, J. Reviravoltas na soberania. In: ARAN, M. (Org.).

Soberanias. Rio de Janeiro: Contra Capa, 2003.

_____. Excesso e ruptura de sentido na subjetividade hipermoderna. *Cadernos de Psicanálise do Círculo Psicanalítico do Rio de Janeiro*, v. 26, n. 17, 2004.

_____. *Por uma estilística da existência*. São Paulo: 34, 1996.

_____. *Estilo e modernidade em psicanálise*. São Paulo: 34, 1997.

_____. *Mal-estar na atualidade*. Rio de Janeiro: Civilização Brasileira, 1999.

_____. *Cartografias do feminino*. São Paulo: 34, 1999.

_____. *Entre cuidado e saber de si*: sobre Foucault e a psicanálise. Rio de Janeiro: Relumé-Dumará, 2000.

_____. *Gramáticas do erotismo*: a feminilidade e as suas formas de subjetivação em psicanálise. Rio de Janeiro: Civilização Brasileira, 2001.

BOTTO, S.; NAPARSTEK, F.; SALOMONE, L. (Orgs.). *El psicoanálisis aplicado a las toxicomanías*. Buenos Aires: T y A, 2003.

BROUSSE, M. H. *O inconsciente é a política*. São Paulo: Escola Brasileira de Psicanálise, 2003.

BRUSSET, B.; COUVREUR, C.; FINE, A. (Orgs.). *A bulimia*. São Paulo: Escuta, 2003.

BUTLER, J. *Problemas de gênero*: feminismo e subversão da identidade. Rio de Janeiro: Civilização Brasileira, 2003.

CALLIGARIS, C. *Hypothèse sur le fantasme*. Paris: Seuil, 1983.

_____. *Introdução a uma clínica diferencial das psicoses*. Porto Alegre: Artes Médicas, 1989.

_____. *Crônicas do individualismo cotidiano*. São Paulo: Ática, 1996.

_____. *Terra de ninguém*: 101 crônicas. São Paulo: Publifolha, 2004.

DAVID-MENARD, C. *As construções do universal*. Rio de Janeiro: Companhia de Freud, 1998.

DELEUZE, G.; GUATARI, F. *El antiedipo*. Barcelona: Barral, 1972.

DELEUZE, G. Sobre as sociedades de controle (Post scriptum). In: *Conversações*. São Paulo: 34, 1992.

DELOUYA, D. *Entre Moisés e Freud*. São Paulo: Via Lettera, 2000.

DEWAMBRECHIES-LA SAGNA; DEFFIEUX, J. P. (Orgs.). *Os casos raros, inclassificáveis, da clínica psicanalítica*: a conversação de Arcachon. São Paulo: Biblioteca Freudiana Brasileira, 1998.

DOR, J. *O pai e sua função em psicanálise*. Rio de Janeiro: Zahar, 1991.

DUARTE, L. F. D. *Da vida nervosa nas classes trabalhadoras urbanas*. Rio de Janeiro: Zahar/CNPq, 1986.

EIDELBERG, A.; GODOY, C.; SCHEJTMAN, F.; DAFUNCHIO, N. (Orgs.). *Como tratan los psicoanalistas las anorexias y bulimias?* Buenos Aires: Del Bucle, 2004.

ERIBON, D. *Michel Foucault*, 1926-1984. São Paulo: Companhia das Letras, 1990.

FIGUEIREDO, L. C. *A invenção do psicológico*: quatro séculos de subjetivação; 1500-1900. São Paulo: Educ/Escuta, 1992.

_____. *Escutar, recordar, dizer*. São Paulo: Educ/Escuta, 1994.

_____. *Modos de subjetivação no Brasil e outros escritos*. São Paulo: Escuta, 1995.

_____. *Palavras cruzadas entre Freud e Ferenczi*. São Paulo: Escuta, 1999.

_____. *Ética e técnica em psicanálise*. São Paulo: Escuta, 2000.

_____. *Psicanálise, elementos para a clínica contemporânea*. São Paulo: Escuta, 2003.

FOUCAULT, M. *História da sexualidade I*: a vontade de saber. Rio de Janeiro: Graal, 1988.

_____. *Resumo dos cursos do Collège de France (1970-1982)*. Rio de Janeiro: Jorge Zahar, 1997.

_____. *A verdade e as formas jurídicas*. Rio de Janeiro: Nau, 1999.

_____. *O nascimento da clínica*. Rio de Janeiro: Forense Universitária, 1987.

_____. *Vigiar e punir*: nascimento da prisão. Petrópolis: Vozes, 1987.

_____. *O pensamento do exterior*. São Paulo: Princípio, 1990.

_____. *O que é um autor?* Rio de Janeiro: Passagens, 1992.

FREUD, S. (1894) Las neuropsicosis de defensa. *Obras completas*. Buenos Aires: Amorrortu, 1979, v. 3.

_____. (1895a) Los orígenes del psicoanálisis. *Op. cit.* v. 1.

_____. (1895b) Obsesiones y fobias: su mecanismo psíquico y su etiología. *Op. cit.* v. 3.

_____. (1896) Nuevas puntualizaciones sobre las neuropsicosis de defensa. *Op. cit.* v. 3.

_____. (1900) La interpretación de los sueños. *Op. cit.* v. 5.

_____. (1901) Psicopatología de la vida cotidiana. *Op. cit.* v. 6.

_____. (1905a) Fragmento de análisis de un caso de histeria. *Op. cit.* v. 7.

_____. (1905b) Tres ensayos para una teoría sexual. *Op. cit.* v. 7.

_____. (1905c) El chiste y su relación con el inconsciente. *Op. cit.* v. 8.

_____. (1908) Teorías sexuales infantiles. *Op. cit.* v. 9.

_____. (1909a) Análisis de la fobia de un niño de cinco anos. *Op. cit.* v. 10.

_____. (1909b) A propósito de un caso de neurosis obsesiva. *Op. cit.* v. 10.

_____. (1910) Un recuerdo infantil de Leonardo Da Vinci. Op. cit. v. 11.

_____. (1911) Puntualizaciones psicoanalíticas sobre un caso de paranoia descrito autobiográficamente. *Op. cit.* v. 12.

_____. (1913) Tótem y tabú. *Op. cit.* v. 13.

_____. (1914) Introducción al narcisismo. *Op. cit.* v. 14.

_____. (1915) Un caso de paranoia que contradice la teoria psicoanalítica. *Op. cit.* v. 14.

_____. (1916a) Algunos tipos de carácter dilucidados por el trabajo psicoanalítico; II, Los que fracasan cuando triunfan. *Op. cit.* v. 14.

_____. (1916b) Algunos tipos de carácter dilucidados por el trabajo psicoanalítico; III: Los que delinquen por conciencia de culpa. *Op. cit.* v. 14.

_____. (1916c) Conferencias de introducción al psicoanálisis. *Op. cit.* v. 16.

_____. (1917a) Duelo y melancolía. *Op. cit.* v. 14.

_____. (1917b) Sobre las transposiciones de las pulsiones, em particular del erotismo anal. *Op. cit.*, v. 17.

_____. (1918a) Historia de una neurosis infantil. *Op. cit.* v. 17.

_____. (1918b) El tabú de la virginidad. *Op. cit.* v. 11.

_____. (1919) Lo ominoso. *Op. cit.* v. 17.

_____. (1920a) Más allá del principio del placer. *Op. cit.* v. 18.

_____. (1920b) Sobre la psicogénesis de un caso de homosexualidad femenina. *Op. cit.* v. 18.

_____. (1921) Psicologia de las masas y análisis del yo. *Op. cit.* v. 18.

_____. (1922) La cabeza de Medusa *Op. cit.* v. 18.

_____. (1923a) Organización genital infantil. *Op. cit.* v. 19.

_____. (1923 b) El yo y el ello. *Op. cit.* v. 19.

_____. (1924) El sepultamiento del complejo de Edipo. *Op. cit.* v. 19.

_____. (1925) Algunas consecuencias psíquicas de las diferencias sexuales anatómicas. *Op. cit.* v. 19.

_____. (1926) Inhibición, síntoma y angustia. *Op. cit.* v. 20.

_____. (1931) Sobre la sexualidad femenina. *Op. cit.* v. 21.

_____. (1933) Nuevas conferencias de introducción al

psicoanálisis. Conferencia 33. *Op. cit.* v. 22.

_____. (1940) Esquema del psicoanálisis. *Op. cit.* v. 23.

GIDDENS, A. *La transformación de la intimidad:* sexualidad, amor y erotismo en las sociedades modernas. Madrid: Cátedra, 2000.

_____. *Modernidade e identidade.* Rio de Janeiro: Jorge Zahar, 2002.

GONDAR, J. Sociedades de Controle e as novas formas de sofrimento. In: ARAN, M. (Org.). *Soberanias.* Rio de Janeiro: Contra Capa, 2003.

GREEN, A. *O complexo de castração.* Rio de Janeiro: Imago, 1991.

_____. *El complejo de Edipo en la tragedia.* Buenos Aires: Tiempo Contemporáneo, 1976.

_____. *De locuras privadas.* Buenos Aires: Amorrortu, 1994.

_____. *Ideas directrices para un psicoanálisis contemporáneo.* Buenos Aires: Amorrortu, 2005.

_____. *La concepción psicoanalítica del afecto.* Madrid: Siglo XXI, 1975.

HARDT, M. A sociedade mundial de controle. In: ALLIEZ, E. (Org.). G. *Deleuze, uma vida filosófica.* São Paulo: Editora 34, 2000.

HÉRITIER, F. *Masculin/féminin.* Paris: Odile Jacob, 1996.

HUXLEY, A. *Admirável mundo novo.* São Paulo: Globo, 2001.

JAMESON, F. *El posmodernismo o la lógica cultural del capitalismo avanzado.* Buenos Aires: Paidós, 1992.

KEHL, M. R. *A mínima diferença.* Rio de Janeiro: Imago, 1996.

_____. *Deslocamentos do feminino.* Rio de janeiro: Imago, 1998.

_____. (Org.). *Função fraterna.* Rio de Janeiro: Relumé Dumará, 2000.

KOLTAI, C. (Org.). *O estrangeiro.* São Paulo: Escuta/FAPESP, 1998.

_____. *Política e psicanálise:* o estrangeiro. São Paulo: Escuta, 2000.

KRISTEVA, J. *As novas doenças da alma.* Rio de Janeiro: Rocco, 2002.

LACAN, J. *O avesso da psicanálise.* Rio de Janeiro: Jorge Zahar, 1992.

_____. *Lectura estructuralista de Freud.* México: Siglo XXI, 1966.

_____. *Escritos II.* México: Siglo XXI, 1975.

_____. *Las formaciones del inconsciente*. Buenos Aires: Paidós, 1999.

_____. *La ética del psicoanálisis*. Buenos Aires: Piadós, 1988.

_____. *Los cuatro conceptos fundamentales del psicoanálisis*. Barcelona: Barral, 1977.

_____. *Aún*. Barcelona: Paidós, 1981.

LAPLANCHE, J. *Nuevos fundamentos para el psicoanálisis*: la seducción originaria. Buenos Aires: Amorrortu, 1989.

_____. *El extravío biologizante de la sexualidad en Freud*. Buenos Aires: Amorrortu, 1998.

_____. *La prioridad del outro em psicoanálisis*. Buenos Aires: Amorrortu, 1996.

LAPLANCHE, J.; PONTALIS, J. B. *Vocabulário da psicanálise*. São Paulo: Martins Fontes, 2001.

LAQUEUR, T. *Inventando o sexo*: corpo e gênero dos gregos a Freud. Rio de Janeiro: Relume-Dumará, 2001.

LASCH, C. *A cultura do narcisismo*: a vida americana numa era de esperanças em declínio. Rio de Janeiro: Imago, 1983.

LAURENT, E. *Nuevos síntomas, nuevas angustias*: XIII jornadas anuales de la EOL. Buenos Aires: Grama, 2005.

LEBRUN, J. P. *Le désarrois nouveaux du sujet*. Ramonville Saint-Agne: Erès, 2003.

_____. *Un monde sans limite*. Ramonville Saint Agne: Erès, 2002.

LECLAIRE, S. *Para una teoría del complejo de Edipo*. Buenos Aires: Nueva Visión, 1978.

_____. *Psicoanalizar*. Buenos Aires: Siglo XXI, 1972.

_____. *Escritos clínicos*. Rio de Janeiro: Jorge Zahar, 2001.

LÉVI-STRAUSS, C. *Las estructuras elementales de parentesco*. Barcelona: Paidós Ibérica, 1981.

_____. *El totemismo en la actualidad*. México: Fondo de Cultura Económica, 1971.

LYOTARD, J. F. *La condición postmoderna*. Buenos Aires: R.E.I., 1989.

MANNONI, O. *Isso não impede de existir*. Campinas: Papirus, 1991.

_____. *La otra escena*: claves de lo imaginario. Buenos Aires: Amorrortu, 1973.

_____. *Freud*: el descubrimiento del inconsciente. Buenos Aires: Galerna, 1970.

MELMAN, C. *Novas formas clínicas no início do terceiro milênio*. Porto Alegre: Editora CMC, 2003.

_____. *Alcoolismo, delinquência, toxicomania*: uma outra forma de gozar. São Paulo: Escuta, 1992.

MENEZES, L. C. *Fundamentos de uma clínica freudiana*. São Paulo: Casa do Psicólogo, 2001.

MEZAN, R. *Figuras da teoria psicanalítica*. São Paulo: EDUSP/Escuta, 1995.

_____. *Escrever a clínica*. São Paulo: Casa do Psicólogo, 1998.

_____. *Tempo de muda, ensaios de psicanálise*. São Paulo: Companhia das Letras, 1998.

MIGUELEZ, N. B. S. Novas psicopatologias? *Boletim Formação em Psicanálise*, v. 12, n. 1, 2004.

_____. O complexo de Édipo, hoje. *Pulsional*, v. 18, n. 181, 2005.

_____. Freud, Roudinesco e o complexo de Édipo. *Boletim Formação em Psicanálise*, v. 15, n. 1, 2007.

_____. *Trauma, memória e transmissão*. Organizadoras Maria Cristina Perdomo e Marta Cerruti. São Paulo: Primavera Editorial, 2014.

MIGUELEZ, O. A escolha de Sofia: questões sobre luto e narcisismo. *Pulsional*, 159, 2002.

_____. Arendt com Freud: o mal em questão. *Psicanálise e Universidade*, 20, 2004.

_____. *Narcisismos*. São Paulo: Escuta, 2007.

MILLER, J. A. *Le lieu et le lien*. (Curso de 2000-2001). Seminário inédito.

_____. *Lacan et la politique, entretien*. Paris: Cités 16, 2003a.

_____. *La experiencia de lo real en la cura psicoanalítica*. Buenos Aires: Paidós, 2003b.

_____. Breve introducción al más allá del Edipo. In: *Del Edipo a la sexuación*. Buenos Aires: Paidós, 2005.

ORTIGUES, M. C. E. *Édipo africano*. São Paulo: Escuta, 1989.

PEIXOTO Jr., C. A. *Formas de subjetivação*. Rio de Janeiro: Contra Capa, 2004.

PEREIRA, M. E. C. *Pânico*: contribuição à psicopatologia dos ataques de pânico. São Paulo: Lemos, 1997.

_____. *Pânico e desamparo*. São Paulo: Escuta, 1999.

PINHEIRO, T. (Org.). *Psicanálise e formas de subjetivação con-*

temporâneas. Rio de Janeiro: Contra Capa, 2003.

PLASTINO, C. A. (Org.). *Transgressões*. Rio de Janeiro: Contracapa, 2002.

PONTALIS, J. B. *Después de Freud*. Buenos Aires: Sudamericana, 1974.

PROST, A.; VINCENT, G. *História da vida privada*, v. 5: Da Primeira Guerra a nossos dias. São Paulo: Companhia das Letras, 1991.

RASSIAL, J. J. *O sujeito em estado limite*. Rio de Janeiro: Companhia de Freud, 2000.

ROUDINESCO, E.; PLON, M. *Dicionário de psicanálise*. Rio de Janeiro: Jorge Zahar, 1998.

ROUDINESCO, E. *La famille en désordre*. Paris: Fayard, 2002.

SAPHOUAN, M. *Estudios sobre el Edipo*. México: Siglo XXI, 1977.

_____. *La sexualidad femenina según la doctrina freudiana*. Barcelona: Crítica, 1979.

SANTOS, T. C. *Quem precisa de análise hoje?* O discurso analítico: novos sintomas e novos laços sociais. Rio de Janeiro: Bertrand Brasil, 2001.

THERBORN, G. *Sexo e poder:* a família no mundo. São Paulo: Contexto, 2005.

TORT, M. *Fin du dogme paternel*. Paris: Aubier, 2005.

_____. *O desejo frio*: procriação artificial e crise dos referenciais simbólicos. Rio de Janeiro: Civilização Brasileira, 2001.

URIBARRI, R. (Org.). *Anorexia e bulimia*. São Paulo: Escuta, 1999.

VERNANT, J. P.; NAQUET, V. *Mito e tragédia na Grécia Antiga*. São Paulo: Perspectiva, 1999.

VIDERMAN, S. *A construção do espaço analítico*. São Paulo: Escuta, 1990.

ZIZEK, S. O superego pós-moderno. Caderno Mais. *Folha de S. Paulo*, 23-05-99.

_____. *O mais sublime dos histéricos, Hegel com Lacan*. Rio de Janeiro: Jorge Zahar, 1991.

_____. *Eles não sabem o que fazem, o sublime objeto da ideologia*. Rio de Janeiro: Jorge Zahar, 1992.

Coleção Clínica Psicanalítica
Títulos publicados

A cena hospitalar: psicologia médica e psicanálise
Alfredo Simonetti

Acompanhamento terapêutico
Maurício Porto

Acontecimento e linguagem
Alcimar Alves de Souza Lima

Adicções
Decio Gurfinkel

Adoção
Gina Khafif Levinzon

Adolescência
Tiago Corbisier Matheus

Amor e fidelidade
Gisela Haddad

Anomia
Marilucia Melo Meireles

Autismo
Ana Elizabeth Cavalcanti, Paulina Schmidtbauer Rocha

Autorização e angústia de influência em Winnicott
Wilson Franco

Borderline
Mauro Hegenberg

Cena incestuosa
Renata Udler Cromberg

Cidade e subjetividade
Flávio Carvalho Ferraz

Clínica da exclusão
Maria Cristina Poli

Clínica do continente
Beatriz Chacur Mano

Clínica do trabalho
Soraya Rodrigues Martins

Clinicar na atualidade
Vera Lúcia Silva Prazeres

Complexo de Édipo hoje?
Nora B. Susmanscky de Miguelez

Consultas terapêuticas
Maria Ivone Accioly Lins

Corpo
Maria Helena Fernandes

Crise pseudoepiléptica
Berta Hoffmann Azevedo

Crítica à normalização da psicanálise
Mara Caffé

Demências
Delia Catullo Goldfarb

Depressão
Daniel Delouya

Desafios para a técnica psicanalítica
José Carlos Garcia

Desamparo
Lucianne Sant'Anna de Menezes

Disfunções sexuais
Cassandra Pereira França

Distúrbios do sono
Nayra Cesaro Penha Ganhito

Ecos da clínica
Isabel Mainetti de Vilutis

Emergências psiquiátricas
Alexandra Sterian

Ensaios psicanalíticos
Flávio Carvalho Ferraz

Entrevistas preliminares em psicanálise
Fernando Rocha

Epistemopatia
Daniel Delouya

Escritos metapsicológicos e clínicos
Ana Maria Sigal

Esquizofrenia
Alexandra Sterian

Estresse
Maria Auxiliadora de
A. C. Arantes,
Maria José Femenias
Vieira

Fairbairn
Teo Weingrill Araujo

Ferenczi
Teresa Pinheiro

Hipocondria
Rubens Marcelo Volich

Histeria
Silvia Leonor Alonso,
Mario Pablo Fuks

Idealcoolismo
Antonio Alves Xavier,
Emir Tomazelli

Imitação
Paulo de Carvalho
Ribeiro e colaboradores

Incestualidade
Sonia Thorstensen

Inconsciente social
Carla Penna

Infertilidade e reprodução assistida
Marina Ribeiro

Linguagens e pensamento
Nelson da Silva Junior

Morte
Maria Elisa Pessoa
Labaki

Narcisismo e vínculos
Lucía Barbero Fuks

Neurose obsessiva
Rubia Delorenzo

Neuroses atuais e patologias da atualidade
Paulo Ritter

Neurose traumática
Myriam Uchitel

Normopatia
Flávio Carvalho
Ferraz

Orientação profissional
Maria Stella
Sampaio Leite

O tempo, a escuta, o feminino
Silvia Leonor Alonso

Paranoia
Renata Udler
Cromberg

Perversão
Flávio Carvalho
Ferraz

Pós-análise
Yeda Alcide Saigh

Problemas de linguagem
Maria Laura
Wey Märtz

Problemáticas da identidade sexual
José Carlos Garcia

Psicanálise da família
Belinda Mandelbaum

Psicanálise e educação
Maria Regina Maciel

Psicanálise e música
Maria de Fátima
Vicente

Psicopatia
Sidney Kiyoshi Shine

Psicoterapia breve psicanalítica
Mauro Hegenberg

Psicoterapia breve psicanalítica de casal
Mauro Hegenberg

Psicoterapia de casal
Purificacion Barcia
Gomes, Ieda Porchat

Saúde do trabalhador
Carla Júlia Segre Faiman

Sintoma
Maria Cristina Ocariz

Sublimação e *unheimliche*
Alessandra Martins Parente

Tatuagem e marcas corporais
Ana Costa

Tempo e ato na perversão
Flávio Carvalho Ferraz

Término de análise
Yeda Alcide Saigh

Tortura
Maria Auxiliadora de Almeida Cunha Arantes

Trabalho do negativo
Vera Lamanno-Adamo

Trama do olhar
Edilene Freire de Queiroz

Transexualidades
Paulo Roberto Ceccarelli

Transtornos alimentares
Maria Helena Fernandes

Transtornos da excreção
Marcia Porto Ferreira

Transtornos de pânico
Luciana Oliveira dos Santos

Vertentes da psicanálise
Maria Laurinda Ribeiro de Souza

Violência
Maria Laurinda Ribeiro de Souza

Violência e masculinidade
Susana Muszkat

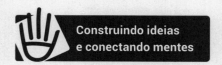

Este livro foi composto com tipografia Freight Text Pro
e impresso na Gráfica Viena fevereiro 2023.